谨此
向新中国无私捐献文物的爱国人士致敬

国家出版基金项目
NATIONAL PUBLICATION FOUNDATION

新中国捐献文物精品全集

徐悲鸿/廖静文 卷 上

中国文物学会 主编

北京出版集团公司
文津出版社

图书在版编目（CIP）数据

新中国捐献文物精品全集. 徐悲鸿、廖静文卷. 上 / 中国文物学会主编. — 北京 ：文津出版社，2015.1
ISBN 978-7-80554-592-9

Ⅰ. ①新… Ⅱ. ①中… Ⅲ. ①文物—中国—图集②汉字—法书—作品集—中国③绘画—作品综合集—中国
Ⅳ. ①K870.2

中国版本图书馆CIP数据核字（2014）第250443号

新中国捐献文物精品全集　徐悲鸿/廖静文　卷　上
XIN ZHONGGUO JUANXIAN WENWU JINGPIN QUANJI　XU BEIHONG/LIAO JINGWEN　JUAN　SHANG
中国文物学会　主编
*
北京出版集团公司
文津出版社　出版
（北京北三环中路6号）
邮政编码：100120
网　址：www.bph.com.cn
北京出版集团公司总发行
新华书店经销
北京顺诚彩色印刷有限公司印刷
*
889毫米×1194毫米　16开本　19.25印张　185千字
2015年1月第1版　2015年1月第1次印刷
ISBN 978-7-80554-592-9
定价：480.00元
质量监督电话：010-58572393

新中国捐献文物精品全集

徐悲鸿/廖静文　卷

七律

文物珍藏今古傳　仁人志士是中堅
殫勞馳驟求瑰寶　薈萃琳瑯成鉅編
贏得楚弓存故土　賡承先澤砠新篇
喜刊精品饒丰彩　遺范呈輝勵后賢

題《新中國捐獻文物精品全集》出版

甲午仲夏　謝辰生

時年九十又三

辰生

七律

文物收藏千古傳　高人雅士志弥堅
追尋瑰寶傾家產　集萃精华汇大編
悉數还珠成國粹　一腔忠赤著鴻篇
重光人物揚風范　精品流芳育众賢

喜讀謝老題《新中國捐献文物精品全集》出版七律詩步原韻和之

甲午仲夏　彭卿雲

序

励小捷

捐献文物是爱国重文的优秀品质的体现。新中国成立后，随着文物保护日益受到国家和社会的重视，社会贤达、各界收藏家纷纷捐献文物，补充考古发掘所得，丰富馆藏展示陈列，壮大了博物馆的藏品规模，优化了博物馆的藏品结构，使一大批散逸文物回归国家并发挥其应有的作用，为新中国文物事业发展做出了重要贡献。他们的事迹与精神永远值得表彰、纪念和传承，中国文物学会组织编纂“新中国捐献文物精品全集”，就是对文物捐献群体的一次集中展示和致敬。

据不完全统计，新中国成立以来，社会各界人士捐献了数以十万计的各类文物。故宫博物院累计接收捐献文物约两万件，其中一级文物三百余件，捐献者达六百余人次。中国国家博物馆自建馆伊始到2012年的一百年间，累计接受社会各界人士捐献古代文物六百三十余人次，涉及文物六万六千余件。国家级博物馆如此，地方博物馆亦如是。以青岛市博物馆为例，五十多年来，该馆先后接受了五百多位社会各界人士的文物捐献，馆藏逾万件珍贵文物中有五分之一来自个人捐献。大量的文物捐献不仅显示了社会各界对博物馆的信任和对其文物保护、展示和研究的嘉许，还从一个侧面反映了我国博物馆事业的发展成就。

新中国成立初期，文化部多次向文物捐献者颁发嘉奖令，极大地鼓舞了文物捐献行为，这一时期各级博物馆接受捐赠人次多、规模大、文物品质高。在文物捐献者中，有党和国家领导人，有著名收藏家、专家、学者和知名人士，有爱国华侨、华人和国际友好人士，也有普通群众。郑振铎先生早年不惜倾尽家财，搜集了纵贯汉魏、两宋一千四百多年的六百余件陶俑，使珍贵遗产不致流失海外。1952年，郑振铎先生毫不吝惜地将其全部捐献给国家。著名收藏家张伯驹先生将其呕心沥血三十年所收藏的陆机《平复帖》、展子虔《游春图》等珍品悉数捐献给国家，他说：“东西在我的手里，就是在国家的手里，我怎么能和国家分你我，一定上交国家，无偿捐献。”著名古文字学家、考古学家、金石篆刻家商承祚先生多次将个人珍藏的文物捐献给国家，他生前砥砺自己并告诫家人“藏宝于国，施惠于民”，在笔记本上写下这样的箴言：“文物藏之子孙，莫若藏之国家。藏之子孙，难免散失；藏之国家，万无一失。”他们无私的爱国主义精神弥足珍贵，他们的仁心义举与捐献的文物一样，必将青史留名、千古流芳，值得我们永远景仰。今天，我们大力传承弘扬中华优秀传统文化，他们的行为本身就是一笔宝贵的精神文化财富。

文物是历史发展的物证，文物在个人手里，难免受到保存条件所限，而且“孤芳自赏”，难以发挥文物的社会功用。“藏宝于民”无疑是公民依法享有的权利。从长远来看，将流散文物汇集到博物馆，使之得到永久性保存，成为社会共享的资源，最大限度地发挥作用，无疑是民间收藏特别是“国之重器”的最好归宿。改革开放以来，随着博物馆建设的提速，捐献文物得到了更好的展示陈列，有的博物馆开辟专门场所进行展出，有的博物馆举办捐献文物特展，受到社会各界的欢迎。“新中国捐献文物精品全集”通过讲述文物捐献者的感人故事，为全社会树立了一个个真实鲜活的榜样，可以缅怀前贤、激励后人，引导全社会树立科学的文物收藏理念，增强民众的文物保护意识。

时间流逝，世事沧桑，社会上的普通人，甚至一些文博工作者对新中国成立后捐献文物的人和事也知之甚少了，从这个角度说，编纂出版“新中国捐献文物精品全集”，不仅是一项泽被后世的重大文化工程，更是一项历史记忆的抢救工程，善莫大焉！

值此全集出版之际，谨向参与这项工作的诸位同好表达衷心的祝贺和诚挚的敬意！希望此书的出版，能让更多的人了解文物捐献者的事迹，认同文物捐献的义举，以期更多的文物收藏者加入到捐献行列，让更多的文物走进博物馆绽放光彩、述说传奇，那将是文博界的幸事，更是全社会的福音。

是为序。

励小捷，文化部副部长、国家文物局局长。

序

单霁翔

文物之珍贵，在其自身质地的精细考究，在其制作者的匠心独运，也在其所蕴含的深厚寓意。而更值得一提的，是其在历史发展中的代代传承，即通常所谓“流传有绪”。数千年前，我们的先祖就在青铜重器上刻下“子子孙孙永宝用”的期盼。这种世代传承、流传有绪的理念使得文物越发珍贵，历久弥新。

在博物馆这一概念尚未兴起之时，历代传世的珍宝多在私人收藏家手中流传，而紫禁城更是藏尽天下奇珍的巨大宝库。但不论是私人收藏还是皇家品鉴，都难以抵抗战乱的侵袭。特别是近代以后，博物馆事业尚在缓慢萌芽，社会动荡却愈演愈烈。在国将不国的纷乱中，国宝蒙难，毁坏、损伤、流散者不计其数，令人痛心疾首。及至战火消弭、新中国成立，才给这些国宝带来了转机。此时的博物馆事业方兴未艾，传世珍宝应为国家、人民所共有，越来越成为人们的共识。这样的认知，使得我国兴起了捐赠文物的热潮。许多流散珍宝自此走进了博物馆，开始了由“私藏”到“馆藏”的转变。

就故宫博物院而言，自新中国成立以后，接收捐献文物约两万余件（其中一级品三百余件），捐献者共计六百余人次。在这些捐赠者中，既有党和国家的重要领导人，也有著名的学者、收藏家，还有海外华侨、国际友人，甚至是普通职工、平民百姓。捐赠的种类也是多种多样，法书、绘画、陶瓷、乐器、织绣、铜器、碑帖等不一而足。而在这些珍贵文物的背后，大都隐藏着一段段或是曲折离奇或是感人肺腑的传奇故事。

作为国家的最高领导人，毛泽东主席于捐赠一事上为全国做出了表率。他将友人赠送的著名书法作品王夫之手书《双鹤瑞舞赋》、钱东壁临《兰亭十三跋》、李白《上阳台帖》等捐给国家，并最终由文物局拨交给故宫博物院。在他的带领下，刘少奇、周恩来、朱德、李先念、陈毅、宋庆龄等，也纷纷通过中央办公厅将文物捐赠给国家。曾任国家文物局局长的郑振铎先生，收藏有六百余件陶俑作品。这批陶俑纵贯汉、魏至两宋一千四百多年的历史，品种丰富，十分珍贵。为了收集这些陶俑，使其不致流失海外，他不惜倾尽家财，甚至债台高筑，但却在1952年将其毫不吝惜地全部捐献。

张伯驹是一位收藏大家。他以重金购买西晋陆机的《平复帖》，即使在战火逃亡中也不忘尽力保全；为购买展子虔的《游春图》，倾家荡产也在所不惜；面对绑架勒索时，“宁死魔窟”也绝不变卖家产。但在新中国成立后，他却毫不犹豫地将其捐献给国家。被誉为“宣德大王”的孙瀛洲，在新中国成立前经营古玩铺，收集了许多珍玩，其数量之多、品质之精，足可以开办个人博物馆。新中国成立后，他将毕生所藏的三千多件文物全部捐献给故宫博物院。其中仅陶瓷一项就有两千余件，更有如明代成化斗彩三秋杯等稀世珍品。

许多老一辈故宫人也曾将毕生收藏捐赠于故宫，如吴瀛、马衡、陈万里，他们不仅为故宫博物院的发展耗尽心血，更将自己毕生所藏留在了他们奋斗半生的地方，延续着他们对文物深沉的爱。至于那些海外华侨或是普通百姓，如定居美国却一心要将家珍送回祖国的杨令茀女士；多方追查、重金购买掐丝珐琅冰箱（原为宫廷用品）并无偿捐赠的天津市民陆仪女士；为保拓片完好留存，不致失传散逸而将明刻明拓《兰亭序图》卷捐献故宫的归质忱、袁静和夫妇……他们的名字虽不能一一列举，也可能不会被人们牢记，但这份赤诚之心永远不会褪色。

这样的捐赠义举，不独出现在故宫博物院，在全国的诸多博物馆里都有着相似的动人事迹。与毛公鼎并称为“海内三宝”的大克鼎、大盂鼎早年由潘祖荫一家收藏。潘家数辈人爱宝如命，竭力维护，令二鼎躲过一次次的觊觎与抢夺。直到新中国成立，为了宝鼎能够得到更好的保护，潘家人将此二鼎捐献给国家，以求鸿宝重器能够长久保全。如今大克鼎陈列于上海博物馆，大盂鼎在国家博物馆展出，一南一北镇守着中华。

我国著名的古文字学家商承祚收藏有不少家珍。抗日战争期间为防日寇破坏、抢夺文物，他冒着战火抢救古墓、收购古物。新中国成立后，商老将家中珍藏的千余件国宝捐赠给国家，惠及故宫博物院、中国历史博物馆、广东省博物馆以及湖南、江苏等全国多家省、市博物馆。商老认为文物藏之子孙难免散逸，藏之国家则万无一失。因此，他主张“藏宝于国，施惠于国，施惠于民”。1990年（商老去世前一年），他将郑燮的《四面风竹图》捐赠给了深圳博物馆。这样始终坚守“藏宝于国”的精神，令人钦佩。

历经半个多世纪，在众多捐赠者前赴后继的努力下，越来越多的文物离开私家走进了博物馆，为世人所共鉴。这无疑给我国文博事业的发展注入了新的活力。而国宝历尽漂泊终归故土，更是文化的承继与发扬。作为文物工作者，我们真心地感谢这些无私的捐赠者。他们不迷于名利，不屈于淫威，甚至不惜一切地将文物捐献的义举，厥功甚伟，百世不磨！

饮水思源。各地博物馆都在采用各种各样的方式来表达对捐赠者的感谢及对这种崇高精神的弘扬，如开办以捐赠者或捐献文物为主题的展览，出版纪念图书图录等，使得人们可以领略文物的风采与捐赠者的仁心，并扩大其社会影响力，以感染更多的人。

故宫博物院于2005年开辟景仁宫为捐献馆。景者，日光也。景仁者，光大其仁人之心也。景仁宫中立景仁榜，其上镌刻了所有曾向故宫捐赠珍宝的海内外人士姓名。他们的名字值得为人称颂，值得永远铭记。相关的专题展览包括："二十二家捐献印章展"（2006年）、"章乃器先生捐献文物展"（2007年）、"萧龙友先生捐献文物精品展"（2010年）等。此外，故宫博物院正在出版"捐献大家"系列图录，目前已出版了张伯驹、叶义、郑振铎、孙瀛洲、吴瀛、马衡等人的专集。

展览和出版，是为了让越来越多的人了解这些平凡的捐赠者与他们背后不平凡的故事，彰显其仁义之举、拳拳之心。而作为捐献文物的接收单位，为表达由衷的感激之情，故宫博物院也一直与捐赠者或其家人保持着紧密的联系，每年都为他们寄送《故宫日历》与《紫禁城》杂志，以示答谢。每逢重要年份，故宫博物院还会组织专题座谈会以缅怀、纪念那些故去的先人。如2007年举办了纪念陈万里先生一百一十五周年诞辰座谈会，2008年举办了纪念张伯驹先生一百一十周年诞辰座谈会，等等。

应该认识到的是，随着社会经济的不断发展，人们开始看重古董珍玩的巨大经济价值，加之法律法规在捐赠行为上的模糊，都在一定程度上迟滞了文物捐赠。但也得益于社会的不断进步，在新时代的背景下，国人的文化自觉与自信日益加深，越来越多的人认识到：黄金有价而文物无价，千金易得但国宝难求，祖国的博物馆才是这些文物国宝最好的归宿。

张伯驹先生曾言："予所收蓄，不必终予身，为予有，但使永存吾土，世传有绪，则是予所愿也！今还珠于民，乃终吾夙愿！"有这样的捐赠者，是文化之幸，中华之幸。前有为文物天涯追索、以命相护的捐赠先贤；后有寻国宝不惜重金、不为名利的当代楷模。我们有理由相信，世俗的风气压不倒文化的传承，今后捐赠者的队伍会不断壮大，将有更多的文物国宝走进我们的博物馆，绽放它们的光彩，述说它们的传奇。

单霁翔，文化部党组成员、故宫博物院院长、中国文物学会会长。

序

谢辰生　彭卿云

“新中国捐献文物精品全集”（以下简称“精品集”），从现在起，将按人物分卷陆续问世。此书酝酿已久，筹办亦已经年，而今，终于在国家文物局及相关众多单位及其领导人等鼎力襄助之下，玉成其事，偿人夙愿，令人欣慰！

酝酿之久，乃出于对文物捐献者无私奉献的爱国精神的感动与崇敬。随着民族振兴，文物事业兴旺，人们对文物捐献者的感佩之情正与日俱增，久久不能释怀。长期以来，每当谈到、看到、想到新中国成立之初许多仁人志士慷慨捐献的稀世珍品时，那令馆舍熠熠生辉、观众啧啧称奇、研究鉴赏妙趣横生，中华民族文明与智慧之花绽放的般般情景，总是激发我们为这些国宝捐献者们对国家、对民族之精忠，对共产党、对新中国之拥戴而心潮澎湃，感奋由衷。深感他们的事迹精神，理当勒石记功，传之后世，启迪后人。他们人数之多，来地之广，皆史无前例。上至党政军顶层领导，下到各界各阶层民众。其中以来自文苑、学界的仁人志士为中坚。毛泽东率先垂范，将友人所送名人书法作品慨然转赠给国家。于是，许多党政军领导人纷纷相继捐出所藏文物。文物捐献者之中的仁人志士，学识渊博，才华横溢，对民族文化遗产独具慧眼，研究有素，因而情有独钟，终生至爱。为了收藏保护珍贵文物，他们都不惜变卖家产，倾其所有，殚精竭虑，奔波天下，不达目的，决不罢休。据粗略统计，文物捐献者成千上万，全国各博物院、馆所受捐文物达四十余万件（套）之巨。有的著名大博物馆文物藏品六成以上是捐献品，成为该馆文物藏品的主体。所捐文物品位之高，都在“珍贵”之列，其中大量堪称国宝级极品，因而成为国家博物院、馆的“镇馆之宝”。各地捐献文物是现有国有馆藏文物的重要来源之一，是国有可移动文物的重要组成部分，其价值与作用无可估量。张伯驹先生对收藏精品更是费尽心机，不遗余力，成为一代收藏精英代表人物之一。其所捐文物之精、绝乃位居顶、极。他为了收藏隋代展子虔《游春图》，所到之处，总是大声呼唤“此卷有关中华历史，万万不能出境，谁为了多赚金子，把它转手洋人，谁就是民族败类，千古罪人，我张某绝不轻饶他”。为此，他把这些珍贵文物无私捐献给国家，对国家、对民族尽职尽责，以此为快，以此为荣。他说：“予所收蓄，不必终予身，为予有，但使永存吾土，世传有绪，则是予所愿也！今还珠于民，乃终吾夙愿！”在他看来，文物捐之于国，乃“得其所哉”！著名的古籍版本学、文物研究专家傅增湘、傅忠谟、傅熹年祖孙三代所收藏、研究的稀世绝品宋刊本《资治通鉴》和宋内府写本《洪范政鉴》等多种古本图书以及他们各自收藏、研究的自新石器时代及唐以来数以千计的各类古玉器等珍贵文物，最终和盘托出，慷慨捐献给国家，堪称举国罕见的义举。商衍鎏、商承祚、商志𫐐姐弟也是祖孙三代相承，他们所捐文物的数量、品种、质量、持续时间和受捐单位同样为全国之最。商承祚先生一贯主张“藏宝于国，施惠于国，施惠于民”。其祖孙三代言出必践，倾其所藏，捐之于国，可钦可佩！著名古陶瓷学大师孙瀛洲在1950年为了抗美援朝，特义卖了一批所藏文物珍品，所得全部捐献给国家。1956年，他出于爱国情怀，毅然将毕生省吃俭用、节衣缩食所藏自晋、唐至宋、明、清无所不包，自成系列的陶瓷珍品共两千九百余件（套）全部捐献给故宫博物院。他把自己的一生嫁接于文物事业，为文物而生，为文物而活，为文物呕心沥血，为文物献出自己的全部心力、才智和成果，无愧为新中国文物事业的一代功臣！忠诚的爱国志士、著名的民族工商业者周叔弢，同样以其毕生的心力收藏古籍和文物。1952年到1972年间，他先后四次将几十年收藏的宋、元、明抄本，清代善本及其他中外珍贵图书四万余卷和文物一千两百余件全部捐献给国家，被誉为“忠诚的爱国主义者、中国共产党的亲密朋友”。他还通过自己多方努力，于1950年将家祠“孝友堂”所藏古籍图书三百八十余箱共六万余册，其中包括明刻本《南藏》及百余部丛书捐献给南开大学。他曾说道：“自己在七十多年的藏书生涯中，常为搜求到一本好书而其乐无穷。如今我为这些书籍来自于人民，又归之于人民，得到了最好的归宿，最好的主人，无限欢快，非昔日之情可比拟。”如此发自肺腑之言，乃是无私捐献者共同的心声，其价值当与所捐文物等同珍贵！即将陆续问世的“精品集”所承载的仅仅是所捐献文物的一部分，是珍品之中的精品，其主要目的在于让今人和后人观其物，思其人，记其事，感其恩，仰其德，从而步其后，效其行，使“三立”俱得，传之不朽也。

此书出版，乃是时代之需，使命使然。新中国成立初期，百废待兴，各项经济、文化建设事业全面推进。大批收藏、研究文物的文人、学者爱国热情迸发，纷纷慷慨捐文物与国家，投身文物保护事业。其人其物之多，其行其事之义，于国于民之利，于先于后之德，皆史无前例，后无来者。如此种种，都是永远的国家财富、民族勋业！永远的爱国主义教材、民族文化瑰宝！然而，春秋代序，世事沧桑，当年文物捐献者中许多已经物是人非。大量震撼国人、感人肺腑的故事都日渐湮没在时过境迁的洪流中，湮没在收藏“产业化”的大潮里，正处于被遗忘、被消失的历史拐点，令人忧虑不安。因此，编辑“精品集”，乃是这个关键时刻的关键之举，是对新中国文物捐献者及其捐献事迹的一次全面回顾，是对新中国文物捐献历史的一次重新记录，是对无偿捐献文物的一次无可替代的保护与抢救，是时代赋予当代文物工作者一份义不容辞的历史责任。其决策正当其时，其意义将与日俱增，其价值将历久弥新！

策划出版此书，还在于当今文物收藏乱象丛生，环境恶化，民众为之震惊，社会引起公愤。有人竟称之为坑、蒙、拐、骗者的“集中营”，假、冒、伪、劣品的“集散地”，等等。不论此语是否言之过甚，而其现实危害的严重性，确实到了不堪忍负、非改不可的地步。究其根源，一是无法可依，无章可循，无人监管，严重助长一些人肆无忌惮、为所欲为的放纵心理；二是当今收藏成为营利的行业和产业，以私为主导，以利为目的，以财富保值为需求，既颠覆了藏物于民、藏宝为国的历史，又颠覆了收藏国粹、赓续文脉的传统，更亵渎了无数仁人志士无私奉献的家国情怀和通脱博雅。面对这一片雾霾笼罩的灰暗天空，我们试图通过“精品集”的编辑出版，来个否定之否定，颠覆再颠覆，让捐献精品重光天下，捐献事迹重放异彩，捐献人物风范长存！让今天收藏界各类人物有“珠玉在侧，觉我形秽”之悟，让那些“昧着心子，赚着银子”的所谓师、家们起见贤思齐、见利思义之心，最终唤醒收藏家们的良知，促进收藏活动健康有序，实现收藏历史、收藏文明，为国家、为民族做贡献的最终目的。这也将成为“精品集”出版的又一份可喜收获！

“精品集”的出版，是贯彻习近平总书记保护、激活文化遗产，增强国家文化软实力等一系列指示精神的一项工程，是全国文物界为实现中华民族伟大复兴的中国梦所做出的一份贡献。主持和承担编辑工作的同志们“苦恨年年压金线，为他人作嫁衣裳”所付出的艰辛，所经历的困难，只有他们才“得失寸心知”！其劳其苦自在此书出版工作首位。令人欣慰的是，此书自始至终得到了所有受捐单位及其领导者的高度重视和鼎力襄助，特别是故宫博物院、国家博物馆以及上海、天津、广东等受捐大户负责同志的全力支持，并参与编辑过程中一些重要节点的工作，从而得以按时、按计划获取相关图片资料。他们都怀着对捐献人物的敬佩和感激之心参与此项工作，乃是此书成功的基石所在。同样不可或缺的成功因素之一是国家文物局及其所属部门的审批和支持，没有它们的这把“尚方宝剑”，没有局领导同志的重视做后盾，编辑出版工作也就无从谈起。

以上，就是我们对所有新中国无私捐献文物的爱国志士所表达的由衷感佩之声！但愿继续得到广大文物捐献者及其后人以及专家学者的指正和支持，确保出版工程的顺利竣工！但愿此书的问世，成为对新中国文物捐献盛举的一份永恒纪念！

谢辰生，国家文物局原顾问、中国文物学会名誉会长。
彭卿云，国家文物局原副局长、中国文物学会名誉会长。

目录

前言

19世纪40年代鸦片战争爆发后，中国这个延续了数千年文明的东方古国，出现了前所未有的巨大危机。西方文明随着殖民者的入侵，与中华文明发生了剧烈的冲撞。在经历了一次又一次的失败和耻辱后，中华文明被迫进入以吸收西方文明、改造传统文明为主的漫长而痛苦的过程。辛亥革命推翻了故步自封的封建腐朽王朝，促进了思想的解放。特别是五四运动之后，一个充满生机的文化环境逐渐形成。一批又一批的有识之士走出国门，留洋学习各种技艺。就美术界而言，一大批热爱绘画艺术的青年学生纷纷出国求学。他们学成回国后，通过开办美术学校、出版美术刊物、举办画展等活动，系统地介绍了素描、水彩画、油画等西方美术形式的风格特点、流派传承、发展趋势及相关的理论，为我国近现代美术的发展增添了新的活力。徐悲鸿便是其中的佼佼者。他不仅是杰出的画家，也是杰出的美术教育家，为中国美术队伍的建设和中国美术事业的发展做出了卓越贡献，而其将自己的画作和所藏文物捐献给国家的义举，更值得敬佩与颂扬。

徐悲鸿十九岁时在上海留影

一、徐悲鸿生平

徐悲鸿，原名寿康，1895年6月18日（农历五月二十六日）出生于江苏省宜兴县屺亭桥镇。祖父名砚耕。父亲名达章，是当地有名的画师。自六岁起，徐悲鸿便在家由父亲教导读蒙学读物，八岁开始在家执笔学书法，九岁正式跟父亲学画，通过临摹清末插图大画家吴友如的界画、人物画，学习传统绘画技巧。在父亲的殷勤教导下，通过自己的努力学习，徐悲鸿打下了坚实

徐悲鸿的父亲徐达章画的《课子图》，表现徐悲鸿在树下读书，父亲持扇坐在其后，凝神谛听

1917年，徐悲鸿东渡日本，研习日本绘画时，康有为赠字送行

1918年，徐悲鸿被聘为北京大学画法研究会导师

1919年徐悲鸿在法国留学时的照片

的绘画基础，至十一岁时已能任意绘画自然景物，或摹写家人。十四岁时，家乡遭受水灾，徐悲鸿跟随父亲外出谋生，为人画人物、山水、花卉、动物，刻图章，写春联。这种卖艺的生涯让他更多地接触了下层社会和劳苦大众，磨炼了他的艺术功力。十七岁时，徐悲鸿已成为宜兴知名的画家，在当地一些学校教授美术。二十岁时，父亲去世，对徐悲鸿的打击颇大。第二年，徐悲鸿离开家乡，来到上海寻求半工半读的机会，结交了岭南画派的著名画家高剑父、高奇峰兄弟，并深受赏识。二十二岁时，徐悲鸿考进震旦大学（天主教耶稣会在上海创办的著名教会大学，中国近代著名高校）学习法语，课余学习素描和油画，结识了康有为、王国维等人。在康有为的指导下，徐悲鸿遍临名碑，书法得以精进，逐渐形成了雄奇而潇洒的个人风格。二十三岁时，徐悲鸿曾赴日本东京研究美术。通过五个月时间的观览，他感到日本一些画家已不囿于陈法，渐渐脱去积习，能仔细观察和描绘大自然，达到精深美妙的境界，这使他坚定了融会中外技法进行创作的想法。二十四岁时，徐悲鸿被聘为北京大学画法研究会导师，指导会员作画。二十五岁时，徐悲鸿以官费生资格赴法国留学，成为我国美术专业的第一个公费留学生。

徐悲鸿的老师、法国著名画家达仰先生

20世纪30年代的徐悲鸿

在法国期间，徐悲鸿先入朱利安画院练习素描。二十六岁时，考进法国国立最高美术学校图画科，进入法国历史画家佛拉孟的画室学画，后又结识了法国写实主义大画家达仰，并跟他学画。二十七岁时，游柏林，跟柏林美术学院院长康普学画。二十九岁时，徐悲鸿以三十件作品参加法国画家春季沙龙，深得好评。三十一岁时，因官费完全中断，失去生活费用，徐悲鸿赴新加

1933年，徐悲鸿赴欧洲，举办近代中国画展和他个人的作品展览，使中国绘画在欧洲产生了巨大影响

1934年，徐悲鸿在苏联列宁格勒举办中国绘画展

坡为陈嘉庚等富商画像，筹措继续留学的费用。三十三岁时，为筹备生活费用，他再次赴南洋为人画像，后从新加坡回国。徐悲鸿在欧洲前后学习了八年。在八年时间里，他除了接受系统、规范的西方美术教育，跟随著名画家学画，还通过观摩各大博物馆、美术馆的西方艺术精华，临摹伦勃朗、鲁本斯等大画家的画作，在德国、英国、比利时、意大利、瑞士等地欣赏文艺复兴时代大师们的杰作，增长见识，提高技艺。可以说，经过八年的勤奋刻苦的学习和钻研，徐悲鸿的绘画技法和创作能力达到了新的高度，形成了自己的绘画风格。

回国后，徐悲鸿与田汉、欧阳予倩筹办南国艺术学院，担任美术系主任，后至南京国立中央大学任教。

1928年，徐悲鸿与田汉、欧阳予倩等人在上海创办南国艺术学院，徐悲鸿任该院的美术系主任。这是当时的合影

1934年，徐悲鸿在苏联莫斯科红场历史博物馆举行中国绘画展的合影

徐悲鸿在新加坡、马来亚（今马来西亚）举办抗战赈灾义卖画展后归来，在重庆与中央大学艺术科部分师生合影

德国柏林美术会为徐悲鸿举办个人画展

徐悲鸿在德国法兰克福举办中国绘画展时的目录

是年，被聘请为北平大学艺术学院院长，但不久辞职南返，继任中央大学艺术科美术教授，此后在该校任教多年。为了宣传中国美术，提高中国艺术的国际地位，自1933年起，徐悲鸿前往欧洲，先后在法国、比利时、意大利、英国、德国、苏联举办中国美术展览和个人画展。抗日战争爆发后，徐悲鸿在中国香港、新加坡、吉隆坡等地举办义卖画展，宣传支援抗日。1939年在新加坡的画展共筹得国币15398.95元，他将这笔钱寄交到广西，作为第五路军抗日阵亡将士遗孤抚养之用。1941年，在吉隆坡的画展筹集叻币17800元左右，在怡保开的画展筹得叻币9000余元，在槟城开的画展筹得叻币

徐悲鸿1938年在南洋举行赈灾画展时留影

（新加坡币）12000余元，均悉数捐给国家。1940年，徐悲鸿应印度诗哲泰戈尔之邀，赴印度国际大学讲学，并在加尔各答举行画展。1942年，徐悲鸿回到重庆后，在极端艰苦的条件下筹建中国美术学院。1946年，徐悲鸿来到北平，担任北平艺术专科学校（简称“北平艺专”）校长，他聘请了许多有影响、有能力的优秀美术家到校任教，如吴作人、叶浅予、李瑞年、黄养辉、艾中信等。新中国成立前夕，徐悲鸿拒绝了国民政府要求北平艺专南迁的命令，和北平艺专的一些主要负责人吴作人、李桦、王临乙、冯法祀、艾中信等人商定，毅然留在北平迎接解放。1949年北平和平解放，徐悲鸿继任北平艺专校长，并被选为中华全国文学艺术界联合会委

徐悲鸿与印度文豪泰戈尔合影

员、第一届全国政协代表及北京政协委员，被推举为国旗、国徽图案评选委员会委员和国歌词谱评选委员会委员，被选为中华全国美术工作者协会委员、主席，中国保卫世界和平大会全国委员会委员，中苏友好协会总会理事等。是年12月下旬，原国立北平艺术专科学校和华北联合大学文艺学院美术系合并为国立美术学院，徐悲

徐悲鸿20世纪40年代的照片

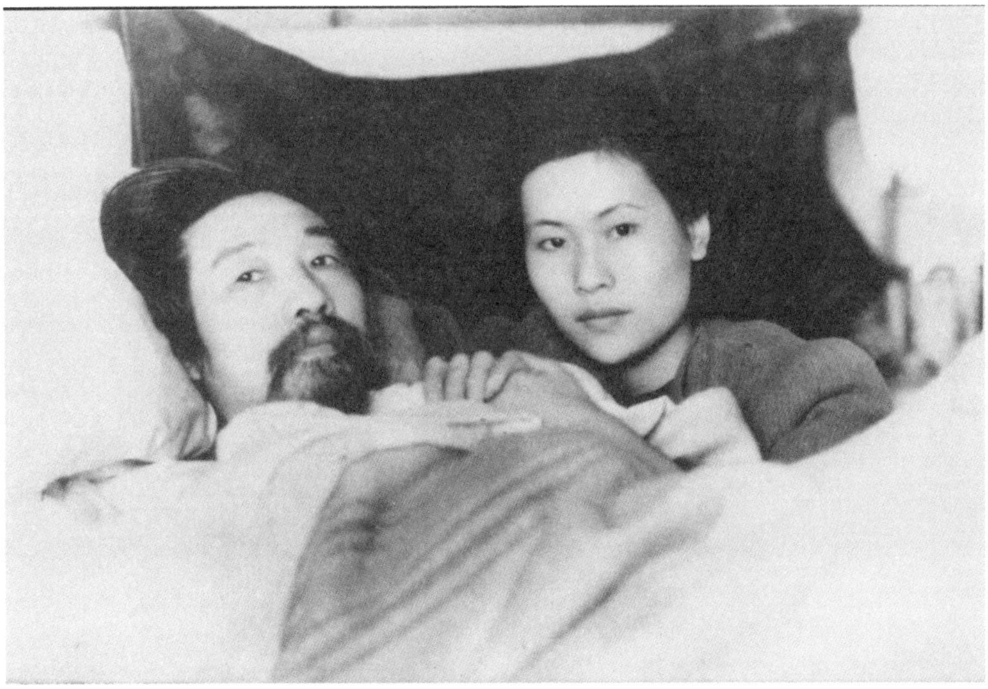

廖静文女士照顾病床上的徐悲鸿

鸿被任命为院长兼研究部主任。1950年，国立美术学院定名为中央美术学院，徐悲鸿仍任院长。1951年7月，徐悲鸿因患脑溢血住院，一周后才脱离危险期。1953年9月23日，徐悲鸿出席全国文艺工作者第二次代表大会，任执行主席。当晚，应国际贸易促进委员会之邀，出席招待波兰画家的宴会，入席不久，脑溢血复发，被送进医院抢救。9月26日晨，徐悲鸿不幸逝世，享年仅五十八岁。

1983年，位于北京市西城区新街口北大街五十三号的徐悲鸿故居被辟为徐悲鸿纪念馆，集中展出有关他的生平和艺术活动的资料以及他各个时期的代表作品。周

徐悲鸿追悼会

1953年9月29日，徐悲鸿的遗体被安葬在北京八宝山革命烈士公墓

徐悲鸿之墓

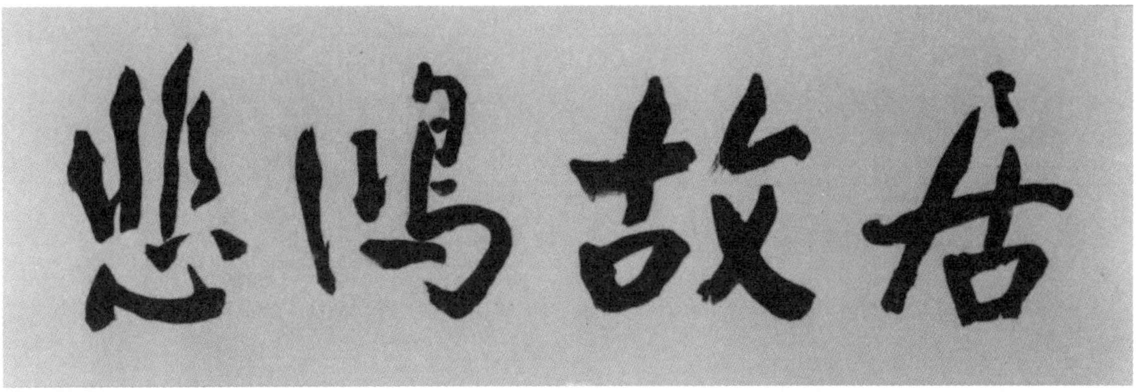

周恩来总理亲笔题写“悲鸿故居”匾额

1953年12月，徐悲鸿遗作在北京中山公园中山堂展览，观众在排队等待参观

1983年1月，徐悲鸿纪念馆新馆建成。新馆在北京市西城区新街口北大街五十三号

1983年1月31日，徐悲鸿纪念馆新馆落成揭幕式

恩来总理亲自题写“悲鸿故居”匾额。

徐悲鸿前后有过三位夫人。第一任夫人是1911年十七岁时由父母包办而娶的一位农村姑娘，与其育有一子，后夭折。1917年春，徐悲鸿原配夫人在家乡病逝。徐悲鸿与蒋碧薇相爱并结婚，二人育有一子一女。后因性格不合，二人在长达十数年的矛盾纠纷后于1945年12月正式办理离婚签字仪式。徐悲鸿第三任夫人是廖静文。

廖静文，1923年4月出生于湖南长沙的一个贫苦知识分子家庭，先后在长沙市十一小学、周南女中读书，随

年轻时的廖静文

后参加抗日文艺活动。1942年，廖静文来到桂林寻求升学或工作机会，被一个演出团录取。得知中国美术学院要招考女资料员时，廖静文报名投考，当时的考官即是时任中国美术学院教授的徐悲鸿，二人由此相识。1946年1月，廖静文与徐悲鸿结婚，由郭沫若、沈钧儒证婚。婚后，廖静文一直协助徐悲鸿工作并照顾其生活，二人育有一子一女。徐悲鸿逝世后，廖静文一直努力守护着徐悲鸿留下的

徐悲鸿与夫人
廖静文在北海
合影

1948年，徐悲鸿与
夫人廖静文、二子庆
平、女儿芳芳合影

1943年，徐悲鸿和廖静文夫妇摄于青城山

徐悲鸿一家与外宾

徐悲鸿与夫人廖静文

廖静文近照

1932年，徐悲鸿迁入南京傅厚岗六号新居，鉴于当时国难深重，取名为“危巢”

珍贵遗产，著有徐悲鸿传记《徐悲鸿一生》。

二、徐悲鸿对美术教育的贡献

徐悲鸿的一生，为中国的美术教育做出了重大贡献。在徐悲鸿的教育理念中，普及美术教育是第一位的，至于金钱报酬则从未考虑。他从欧洲留学归来后，即在上海南国艺术学院任教。由于南国艺术学院正值初创期，缺少资金，徐悲鸿完全义务教育，不收分文。当南京国立中央大学聘请他为教授时，他虽答应，但提出半个月在南国艺术学院，半个月在国立中央大学，在上海与南京之间辗转奔波。后来因为妻子蒋碧薇的强烈不满，在徐悲鸿去南京国立中央大学授课期间，私自雇车将徐悲鸿的画具衣物等全部拉走了，徐悲鸿才不得不离开南国艺术学院。

在任职于北京大学、中央大学、北平艺专、中央美术学院等艺术院校期间，不论是担任教授还是院长，他都亲自指导学生作画，甚至带领学生外出写生、参观画展，有时还参加招生工作。1952年，徐悲鸿卧病在床时还一直关心国内外艺术活动和中央美术学院的教学工

徐悲鸿与齐白石、吴作人、李桦合影

1953年，徐悲鸿辅导中央美术学院和浙江美术学院教师进修小组。这是他最后一次教学活动

作，并计划编写《爱国主义教育挂图》，拟将历代重要艺术珍品集中编印。1953年能起床活动时，他便到美院为毕业班学生讲课，并指导油画和素描教师进修班。在教授学生时，他重视严格的基本训练，强调素描是造型艺术的基础，描写物象务求精确，同时也反对照抄对象，主张有重点的取舍，既要致广大，又要尽精微，提倡现实主义，要求学生以表现人民生活为己任，而不以抄袭古人为自足。他谆谆告诫学生要“曲不离口，拳不离手”地苦练基本功，宁肯拙、方、脏，不要油腔滑调式的漂亮。正是因为他的悉心教导，中国美术界涌现出了一大批优秀的绘画人才，现当代美术界的津梁人

刘勃舒学习画马

物——吴作人、冯法祀、黄养辉等，都出自其门下。

徐悲鸿不仅对学生倾尽心血，而且对素不相识的美术青年也不吝赐教。在担任中央美术学院院长时，在繁重的教学工作、社会活动及作画之余，他还认真回复慕名寄来的请求改正的画稿，对每一幅寄来的画都指出优缺点，给予赞扬、鼓励或批评、建议。因此，当代的许多优秀美术家在走向成功的道路上，徐悲鸿都曾给予帮助或寄予深情。在20世纪的中国美术史上，徐悲鸿扶植少年刘勃舒画马的故事，成为画坛一大美谈。1947

少年刘勃舒

年，江西南昌实验小学四年级学生刘勃舒给徐悲鸿写信，说他很喜欢画马，并模仿徐悲鸿画册上的马画了几张奔马寄来，请求指点。徐悲鸿不因其年幼而忽视，认真回信，告诉他“学画最好以造化为师”，“最简单的学法是用铅笔或炭条对镜自写，务极神似，以及父母、兄弟、姊妹、朋友”，教导他“须努力文史、生物、算学、理化等普通课程，必要之常识不可忽也”，鼓励他读完初中后应考艺专。从此之后，徐悲鸿不断回信指导和鼓励刘勃舒，后来刘勃舒考入中央美术学院，终于成为一位优秀的画家。

徐悲鸿先生在从事艺术教育工作时，一切从培养人才出发，不持门户之见，唯才是举，多方延聘教师。在南京国立中央大学主持艺术科工作时，他聘请了高剑父、张大千、陈之佛、颜文樑、潘玉良、傅抱石等先生任教，用教师的不同风格，扩展学生的视野。在主持北平艺专及中央美术学院工作期间，他更是举贤任能，聘请了齐白石、吴作人、李桦、李苦禅、李可染、叶浅予、王临乙、蒋兆和等诸位先生。对于后学者，只要务本求实，学有所成，学有专长，都能给予教席地位，补充师资队伍。

2003年，为了纪念和弘扬徐悲鸿先生对中国美术事业的巨大贡献，中国文化艺术联合会设立了全国书画院系统最高美术奖项“徐悲鸿美术奖”。

徐悲鸿在创作

三、徐悲鸿对美术理论的贡献

徐悲鸿对中国近现代美术理论的研究，也做出了杰出的贡献。他是中国画家中革新派的代表。1918年，在北京大学画法研究会开学典礼上，徐悲鸿提倡吸收西洋绘画之长，创造新的风格，并为《绘学杂志》撰文，指出中国绘画在该时代的陈腐颓败，号召画坛有志之士奋起革新。他在很有影响的《中国画改良论》一文中提出，中国画颓败的原因是“曰惟守旧，曰惟失其学术独立之地位”；在如何进行革新的问题上，提出“古法之佳者守之，垂绝者继之，不佳者改之，未足者增之，西方绘画可采入者融之”。这种立足传统，批判吸收西洋的理论，已经被广泛的实践证明是完全正确的。

徐悲鸿绘《群奔图》

徐悲鸿倡导写实主义，认为“美术之大道，在追索自然”，反对创作中的形式主义。他在《中国画改良论》中说：“画之目的，曰‘惟妙惟肖’，妙属于美，肖属于艺。故作物必须凭实写，乃能惟肖。待心手相应之时，或无须凭实写，而下笔未尝违背真实景象。易以浑和生动逸雅之神致。而构成造化偶然一现之新景象，乃至惟妙。然肖或不妙，未有妙而不肖者也。妙之不肖者，乃至肖者也。故妙之肖为尤难。”可见他所提倡的写实主义，绝不是单纯描摹对象的自然主义，而是和我国传统画论“外师造化，中得心源”相一致。

徐悲鸿在创作中实践着他写实主义的观点。他画马是以真马为师，融会了中西绘画的画理和画法，成为中国现代绘画史上独树一帜的画马大家。后来他在给友人的信中，谈到自己数十年的画马经验时说：“我爱画动物，皆对实物用过极长时间的功，即以马论，速写不下千幅，并学过马的解剖，熟悉马的骨架肌肉组织，夫然后详审其动态及神情，方能有得。”这些话，深刻反映了徐悲鸿“外师造化，寻求真理”的现实主义创作主张。

徐悲鸿将西方绘画的透视及解剖原理运用到传统的中国画中，利用中国传统的绘画工具，生动传神地创作出了许多杰作。特别是他所创作的马，在概念上完全是中国式的，同时也反映出西方生动自然主义的强烈影响。在中外美术界，人们常常把徐悲鸿的名字与他所画的气势雄壮的马联系在一起，恰恰说明了他在融合中西画法方面所取得的巨大成就。

徐悲鸿强调素描的重要作用，指导学生，即以素描为起点。在教学中，徐悲鸿规定各科学生都要学习两年极严格的素描，要求学生习作三百至一千幅素描，要求素描做到精确、坚实和简约；认为学生每作一画，应“有所得”，把三百至一千幅的“所得”积累起来，奠定绘画基础。1932年春，一个青年从上海来，带着三百幅素描请徐悲鸿指点。他看完后认为“无所得”，并解释说：“精确的反面是粗糙和歪曲，坚实的反面是敝弱，简约的反面是烦琐，三者都是绘画的大敌。没有锻炼和功力，怎能把敌人从自己的画面上扫除净尽。我所说的三百至一千这个数字，系指质量的提高，不能当作数量去追求的。”在掌握好素描后学十种动物、十种花卉、十种翎毛、十种树木与界画，以达到对人物、风景、动物以

徐悲鸿绘油画《田横五百士》

及建筑不致束手，离开学校后能自觅途径发展。

四、徐悲鸿的绘画创作实践

徐悲鸿的一生，创作了大量美术作品。他擅长素描、油画、国画，把西方艺术手法融入到国画中，以高超的技术运用各种工具，创造了新颖而独特的风格。他的素描和油画则渗入了中国画的笔墨韵味。油画色彩丰富、响亮、富有韵律，造型十分严谨。他的创作题材十分广泛，山水、花鸟、走兽、人物、历史、神话，无不落笔有神，栩栩如生。在山水画上，他撷取最富地域特

徐悲鸿绘《徯我后》

徐悲鸿绘油画
《愚公移山》

点的景致，水墨淋漓地抒写特定瞬间和特殊氛围，韵味隽永。在人物画上，他第一个将表现充分的人体引入，从而大大加强了人物形象的力度，又将灵活多变的线条和渲染结合，丰富了中国画对体积、空间的表现力。在动物画上，他熟练地运用解剖、透视和记忆形象的非凡能力，捕捉动物最为传神的瞬间，把猫的娇憨机敏、牛的纯朴耐劳、鹅的喧闹、鹰的雄健、马的激奋、狮的威严、鸡的机警、雀的轻盈，均描绘得淋漓尽致。

总的来看，徐悲鸿的创作活动大致可以分为三个时期。

1.旅欧时期（1919—1927年）。通过学习，掌握了欧洲油画及绘画写实技巧。1926年，他进入了创作的第一个高峰期，创作出《老妇》《抚猫》《箫声》《持棍老人》等作品及近千幅素描。康有为赞其“精深华妙，隐秀雄奇，独步中国，无与为偶”。

2.创作高峰期（1928—1936年）。创作极为丰富，

徐悲鸿创作《鲁迅和瞿秋白》

形成了明确的现实主义艺术风格，在中国现代绘画史上独树一帜，代表作有《田横五百士》《徯我后》《九方皋》等。他力图将西方巨幅故事画与中国画法和题材结合起来，在中西绘画融合方面取得了惊人的成就。以《田横五百士》为例，此画长349厘米，高197厘米，堪称巨作。创作于1928年至1930年间，取材于《史记·田儋列传》。画面选取了田横与五百壮士告别时的场景，将近三十个男女老少前来送别，他们有的挥手致意，有的低头哭泣，有的横眉握剑，表示出战斗的决心，画面气氛沉郁悲壮，震撼人心，歌颂了威武不屈、贫贱不移的精神。画中的人物与真人大小相近，是当时罕见的巨制。他在画《田横五百士》之前，先在乡间，在街上，随时搜集着意想中的巍峨伟壮、相貌超奇的人做模特，用素描勾勒下他们的轮廓，积数年之功，尔后把这些材料结合，而作成这一神气活跃、英武凌人之巨幅杰作。

3.创作鼎盛时期（1937—1945年）。也是他思想和艺术风格上高度成熟的时期。《风雨鸡鸣》（1937年）、《漓江春雨》（1937年）、《群马》（1940年）、《愚公移山》（1940年）、《泰戈尔像》（1940年）、《奔马》（1941年）、《灵鹫》（1941年）、

1951年，徐悲鸿为战斗英雄画像

1950年，徐悲鸿为解放军战士画像

《群狮》（1943年）、《山鬼》（1943年）等一系列著名作品，皆创作于这一时期。这些作品达到了真善美的高度统一，反映出画家追求真理、探究人生的现实主义创作精神及创作思想上的高度成熟。如徐悲鸿常画的奔马、雄狮、晨鸡等，给人以生机和力量，表现了令人振奋的积极精神。尤其他的奔马，更是驰誉世界，几乎成了现代中国画的象征和标志。在日军侵华的国难之际，徐悲鸿以画笔为武器，号召抗日，表达了对抗日志士的歌颂和对胜利的渴望。例如国画《愚公移山》，取材于《列子·汤问》，这则故事告诉人们，世上无难事，只怕有心人。只要有坚强的毅力，持之以恒，锲而不舍，就能战胜一切困难。徐悲鸿创作这幅画时，正是抗日战争最艰苦的年代，但他坚信，只要中国人民以愚公移山

1951年，徐悲鸿在山东工地给农民工画像

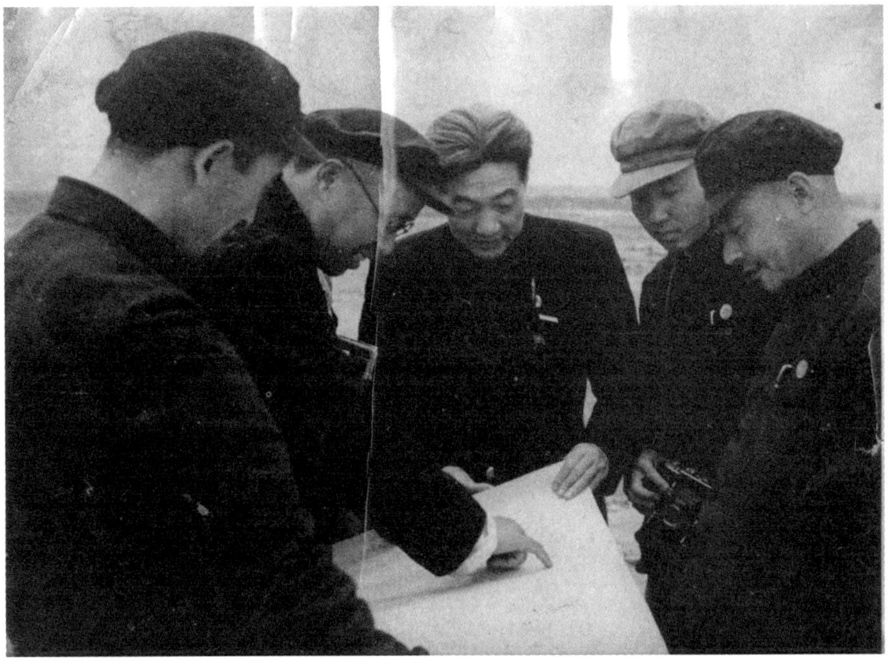

徐悲鸿在山东工地

的精神，团结一致，艰苦抗战，就一定能打败日本侵略者，取得抗日战争的最后胜利，赢来国泰民安。创作此作时，徐悲鸿在印度。他请印度国际大学的学生和工作人员做模特，其中有一位大腹便便的炊事员成为他素描的主要模特。这位炊事员十分高兴又认真，随叫随到，使徐悲鸿创作了各种开山、劈石、挑土的画稿。因是巨幅创作，工作量很大，他不分昼夜，足足画了一个月才完成草稿。

1945年以后，由于受高血压和肾炎的影响，徐悲鸿身体虚弱，虽仍坚持作画，但时感体力不支，鲜有大幅作品。他自1951年开始作油画《鲁迅和瞿秋白》，虽做了大量资料积累，后来却因突发脑溢血而直至逝世也未能完成，仅留下了画稿。1951年，他到山东导沭整沂

徐悲鸿正在创作《毛主席在人民心中》

1946年，徐悲鸿担任北平美术工作者协会的名誉会长，这是北平美术工作者协会部分会员合影

水利工程工地体验生活，收集素材，计划创作反映新时代人民改天换地精神的《当代愚公》，不幸在构图时患脑溢血。1952年，他接到志愿军战士的来信，要求他画一幅《八骏图》。他虽多次提笔作画，但因体力不支未能完成，只能将一张旧作——四匹马的照片寄给志愿军战士，第二年仍想为志愿军战士绘此图，但终因体力不支，只能改为画单幅《奔马》。

徐悲鸿的作品熔古今中外技法于一炉，显示了极高的艺术技巧和广博的艺术修养，是古为今用、洋为中用的典范，在我国美术史上起到了承前启后、继往开来的巨大作用。

1949年，徐悲鸿受周总理委派出席世界保卫和平大会。这是我国代表在布拉格的合影

第一届全国文联代表出席第一届全国政治协商会议时的合影

五、徐悲鸿的收藏

徐悲鸿爱好收藏，历年来广泛搜集中国古代绘画作品、陶瓷、文玩、珍本印拓书刊，尤其喜欢藏画。他在《悲鸿自传》中说："吾爱画入骨，以爱画故学画，虽屡空，而百方借资购多画，中国藏欧洲名家作品之多，以吾为第一。"

徐悲鸿对收藏有自己的见解。在1933年撰写的《因〈骆驼〉而生之感想》一文中，他详述了自己的收藏观念。

常人恒准世俗之评价，而罔识物之真值。国人之好古董也，尤具成见。所收只限于一面，对于图案或美术有重要意义之物，每漫焉不察，等闲视之。逮欧美市场竞逐轰动，乃开始瞩目，而物之流于外者过半矣。

三代秦汉所遗之吉金食器，吾国最古之美术品也。好之者唯视其文字之多寡与有无奇学，定为价值标准，是因向之耽此者，多文人学士。汉学即兴，人尤借春秋战国时遗器所存文字，以考订经文史迹，其有重价，自不待言；顾其不为人重视之器，往往有绝精美之花纹，形式图案极美妙者，以少文字，遂见摈于中国士大夫。不知美乃世人之公宝，而文字之用，限于一族，为境窄也。文字与美术并重，宜也，今既有所偏重，于是一部分有美术价值之宝器，沦胥以亡。

吾国绘事，首重人物。及元四家起，好言士气，尊文入画，推山水为第一位，而降花鸟于画之末。不知吾国美术，在世界最大贡献，为花鸟也。一般收藏家，俱致山水，故四王恽吴，近至戴醇士，其画之见重于人，过于徐熙黄筌。夫山水作家，如范中立米元章辈，信有极诣，高人一等，非谓凡为山水，即高品也。独不见酒肉和尚之溷迹丛林乎？坐令宋元杰构，为人辇去，而味同嚼蜡毫无感觉。一般之人造自来山水，反珍若拱璧，好恶颠倒，美丑易位，耳食之弊如此。唐宋人之为山水也，乃欲综合宇宙一切，学弘力富，野心勃勃，欲与造化齐观，故必人物宫室鸟兽草木无施不可者，乃为山水。元以后人，一无所长，吟咏诗书，独居闲暇，偶骋逸兴，以人重画，情亦可原，何至论画而贬画人，是犹尊叔孙通而屈樊哙也，其害遂至一无所能之画家，尤以写山水自炫，一如酸秀才之卖弄文章，骄人以地位也。

徐悲鸿收藏的《八十七神仙》卷局部

徐悲鸿铜像

故中国一切艺术之不振，山水害之，无可疑者。言之无物，谓之废话，画之无物，岂非糟糕。

近日中原板荡，盗墓之风大启。洛阳一带，地不爱宝，千年秘局，蜂拥而出。国中文人学士，兴会所寄，唯喜墓志碑铭，其中珍奇，信乎不少，如于右任氏一人所蓄，便大有可观。但其中至宝，如殉葬之俑、兽、器物，皆与考古及美术有绝大关系者，以其多量贱值，士大夫不屑收藏，坐视北魏隋唐以来，千余年之瑰宝，每岁运往欧美日本者，以千万计，天下痛心疾首之事，孰有过于此者。

吾国文献，向苦不足，古人衣冠器用，车马服制，记载既泛，可征之于宋画者，已感简略不详；六朝之俑，品类最多，如武士则环甲胄，妇人则分贵贱，其鬟髻衣裳，袖带佩挂，近侍与走役等人物，可得一完整

徐悲鸿跋

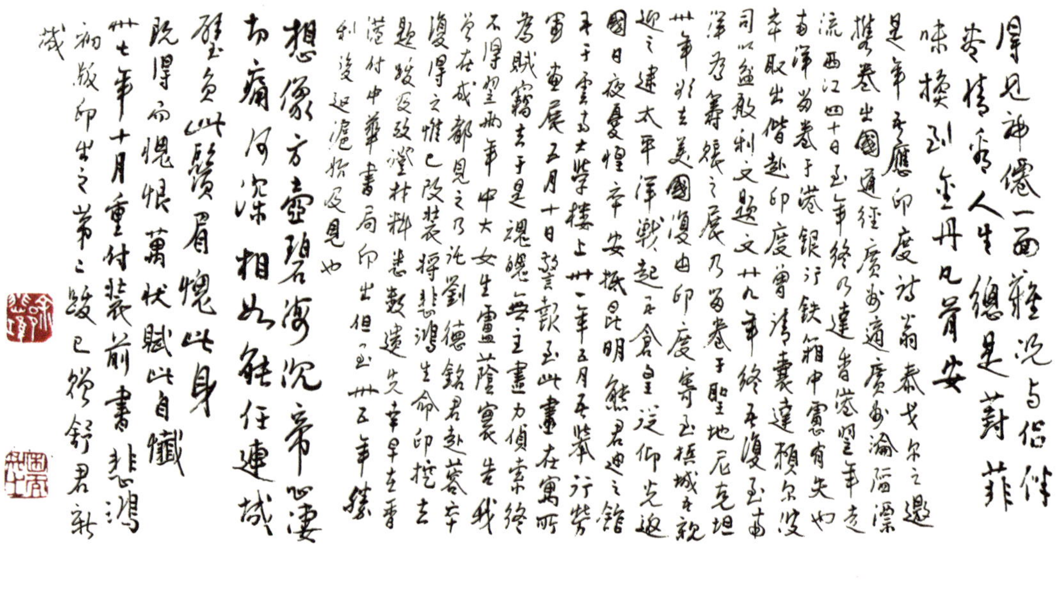

徐悲鸿收藏的《朱云折槛图》轴局部

社会之概观；而驼马之缨络鞍辔，皆精密刊划，事事可按，信而有胄，不若图绘之随意传写也。欧人在古希腊之墟，发现Tanagra(希腊之Boitre)与myrina(小亚细亚)两地之熟土制人，不若魏唐塑制，有釉有彩，精美殊逊，人已视同瑰宝；凡大博物院如法之罗浮宫，且称为傲人之具，吾国人之对此，情同委弃，相去如此。

此类出土人物群兽之尤可贵处，在其比例精确，动作自然，往往有奇姿好态，出人意表者(有舞女及怪人绝奇诡可喜)。近世明清雕刊，反退居于美术上所谓Frontalite野蛮格调(丹麦著名美术批评家Lange所创言)，以彼例此，真有天渊之别也。吾向者以为中国艺术，仅绘画及图案(非指现代)，足跻世界作家之林，靡有愧色。若雕塑者，只细巧见长或庞然巨大而已，毫无价值，不谓千年前之工人，其观察精密，作法严正如此。吾去冬岁阑，在平厂肆所得之北魏两卧驼，堪称美术史上之奇珍，可媲美亚西里之狮，希腊之马。顾秦人视之，亦不甚惜也，知十年以来，此类等量齐观之宝物之流落于外者，宁胜计哉。倘世间只存其一，千年艳传者，则必与天球河图比价，今熟视之，若无睹然，逆料他日古墓既空，地藏丧尽，凡有珍奇，皆之国外有所考求，须万里行，反观故邦，垒垒黄土，必有无穷之子孙，为感叹啜泣者。吾国向视博物院为厉禁，但公家设立之图书馆，已遍中国。除购大英百科全书于云五大著及……外，倘有人一念及此者否，则千元所罗致，可满陈一室。其为费用，亦不多也。

该文中，徐悲鸿提出，收藏不能只限于一面，对于图案或美术有重要意义之物，也应给予充分重视，不能随波逐流，人云亦云。针对当时金石学、考据学兴起，

徐悲鸿收藏的《青绿山水》卷局部

导致有铭文的先秦青铜器及墓志碑铭备受青睐，而没有铭文的青铜器及陶俑等随葬明器因国内藏家不屑收藏，大量流失海外的情况，感叹“天下痛心疾首之事，孰有过于此者”，认为陶俑可补古人衣冠器用、车马服制方面的文献不足，而且具有很高的艺术价值；提出若再不给予重视，待到日后这些珍奇在国内难觅踪影，做考察研究只能到国外时，必让子孙后代“感叹啜泣”，希望引人觉醒，多多加以收藏；就藏画而言，认为当时的收藏家，皆看重山水画而轻视花鸟画，导致宋元时期的众多花鸟杰作流失，而明清山水备受吹捧，优劣不分。

1945年，徐悲鸿撰《收藏述略》一文，总结了他此前的收藏。

凡人嗜好之所集，欧人谓之搜集，国人则谓之藏，又曰收藏。凡收不必定是物之珍奇，要视人性之所好。有藏石者、有聚邮者、有藏书者、有集碑帖者，而收藏书画为远东人最普遍之嗜好。吾生也贫，少长游学于外，收入仅足自给，诚不能言收藏，唯以性之笃嗜美术，而始学画。我居欧洲，凡遇佳美之印刷品，必欲致之以为快。当1921—1923年之际，德国通货膨胀，德国印刷术固为世界之冠，此际印刷品价虽陡涨，尚为余力所能及，故世界各大博物院中各大画家名作，搜集始遍，靡有遗憾。

其时余识柏林美术学院院长某先生，时就问业。先生之艺，沉雄博大，最富日耳曼精神，亦即后日纳粹奉为德国精神之元者也（先生最著名作品为柏林大学中之

徐悲鸿收藏的《芦雁图》轴局部

壁画大哲演讲德国民族主义一图，论者谓为德国派中最佳之壁画）。余在1922年得购其两幅油绘，题皆包厢写剧场中之观剧者，又素描五张。迨1933年又抵柏林（因柏林美术会请往展览拙作），更得其油绘一，素描二，版画四种。1923年余由德返法，是年冬间因一机会得法国名画家之素描一夹，大小逾百纸，泰半皆其精妙之画稿（巴黎崇贤祠壁画大王奇迹即出其手）。1925年购得达仰先生之画。

十六年（1927年）返居沪，以先君酷爱任伯年画，吾亦以其艺信如俗语之文武昆乱一脚踢者，乃从事搜集。五六年间收得大小任画凡五六十种，中以《九老图》，《女娲炼石图》轴，及册页十二扇面十余种为尤精。

二十五年（1936年）余居桂林，因得见李秉绶孟丽堂及粤近派之开创者居巢居廉先生手迹，颇为罗致并世作家，率多爱好，特好齐白石翁及张大千兄之作，所得亦富。二十九年（1940年）应泰戈尔诗翁之召赴印度，彼所创立之国际大学，固得翁所作画三幅。翁以诗名天下，又为卓绝之音乐家，六十岁后始寄情以绘事，不拘故常，独往独来，诗人漫兴，恒入化机。余曾有文论之。赠余之画具幅，为翁精作之一，吾非常珍视者也。

吾偶然得北苑巨帧水村画。大千亟爱之，吾即奉赠，大千亦以所心赏之冬正《风雨归舟》为报，此为冬正最精之作。

余第三次至欧洲，前巴黎总领事赵颂南先生赠吾明

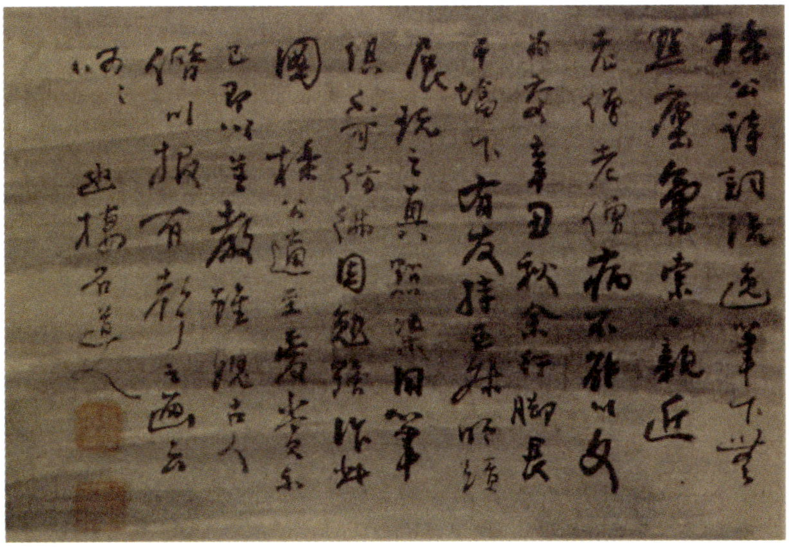

徐悲鸿收藏的《幽壑烟云图》轴局部

人画一帧，画一士人持镜照妖，一小孩随其后，画笔精卓，署正斋居士，顾不知究是何人手迹。又有老莲为友人写像，颇神闲意得，近复得黄瘿瓢《持梅老人》，俱人物精品。

郇藏之最可纪者，为唐人画之《八十七神仙》卷，即宣和内府所藏赵孟頫审定之武宗元朝元仙仗之祖本也。此卷后端遭人割去，较武卷后段少一人，但卷前则多一人，共八十七人，故即以名卷。三十一年（1942年）夏，在昆明失去，越两年从成都侦还，已为人改头换面重装，余所盖“悲鸿生命”章，亦被割去，全部考证材料皆失。且幸全卷无恙，已死之心，赖以复活，此卷关系吾国艺术与考证甚大，一因其道教关键，一因白描人物八十七人中写三帝文官甲士金童玉女无一不妙相庄严，任何古今之人物画均不能匹也。其外，则吾于二十七年（1938年）冬过香港，得张大风扇面一，写一士人折梅，清观绝伦。又吾于中日大战前两月访张岳军先生，请观其宝石涛通景屏十二幅，临别蒙先生以童二树荷花见赠，逸气纵横，亦佳品也。

徐悲鸿收藏画，向来不重画家之名，而以画本身的艺术价值为重。他曾将北宋董源的巨幅山水，和张大千交换一幅清代金农画的《风雨归舟图》轴。就金钱价值而论，二者相去何止万倍，但他不以为意，为此图题曰：“此乃中国古画中奇迹之一。平生所见，若范中立《溪山行旅》《宋人雪景》，周东邨《北溟图》与此幅，可谓现世界所存在中国山水画中四支柱。古今虽

艳称荆关董巨，荆董画世尚有之，巨然卑卑，俱难当吾选也。1938年初秋，大千由桂林挟吾董源巨帧去。1944（年）春，吾居重庆，大千知吾所爱其藏中精品冬心此幅，遂托目寒赠吾。吾亦欣然，因吾以画品为重，不计名字也。1950（年）悲鸿记其因缘为此。”

徐悲鸿收藏的任颐《女娲炼石图》轴局部

徐悲鸿收藏，不计得失，常常举债购之。在留学欧洲期间，在经济十分拮据的情况下借钱购买大画家康普的真迹。1937年，在香港一位德籍妇人那里发现《八十七神仙》卷，大为惊叹，以一万元现金及七幅自己的作品，将此流失之国宝购回。后此卷被盗，为了重新购回此画，他日夜劳作画画筹款，先寄了二十万元，又寄去了自己的数十幅作品，才将此卷购回。徐悲鸿一直将自己能为这件已流失于外国人之手的国宝赎身，使其回归祖国，视为平生最快意之事。即使得知他重新购回此卷的钱款和画作为人侵吞时，也不以为意，认为没必要计较钱财，能将这幅画购回就是了不起的功绩。1953年4月，徐悲鸿身体病弱，得到政府发还的针药费三百万元（合今三百元），却没有用于买药或做生活之用，而是以此款购进了《董思白、陈眉公自题画像》册页。

徐悲鸿的收藏，有保护中国国宝以免流失的深意。1935年，他在天津《大公报》发表《故宫所藏绘画之

徐悲鸿收藏的《梅妃画真图》卷局部

宝》一文，对我国宝“或遭豪夺，或受利诱，辗转迁移，流落于他邦，成为他人国宝者”表示愤慨。因此，他对所见国宝尽力收之，给予保护。他收藏的《梅妃画真图》卷是于新中国成立初期，在民间的一次书画展销上购得的。当时，此作被一位外国驻华大使相中，但因标价太高，与卖家议价。徐悲鸿眼见这样一幅精湛的古画有可能流落到国外去，便毫不犹豫地以高价购入。徐悲鸿得到此画后，题曰：“此卷以人物树石界画法而论，极可能是仇十洲作品，因五百年中惟仇方有此工力。而绢素新洁虽赖保存之善，但终不能令人想象至五百年上也。昔人有尊古之习，遽以为孤云处士王振鹏，实无根据。余因古画人物佳幅难得，工整界画更难得，因借债收之。辛卯1951（年）六月病起题，悲鸿。”

徐悲鸿的藏品，在抗战期间命运多舛。1941年，他在新加坡举办画展为抗日筹募捐款的时候，太平洋战争爆发，新加坡危在旦夕。徐悲鸿随身携带的自己的画作和藏品遭遇危机。情急之下，他挑选了一部分作品和藏品随身携带，带回了国内，大部分留在新加坡友人黄曼士家中，请他代为保管。黄曼士将这些绘画、书籍、印拓、陶瓷、印章及几十幅不易携带的油画，秘密运到福建安溪会馆办的崇文学校，装在一些皮蛋缸里，埋在学校附近一间废弃的亚答屋后的一口枯井内，附近杂草丛生，十分隐蔽。1942年2月，新加坡沦陷后，日军来过崇文学校，但没有发现。还有一些书画被黄曼士藏在自己的百扇斋内，日军进城后虽光顾过百扇斋，被抢去的只是黄氏的挂表和派克笔。在近四年时间里，藏在百扇斋中的艺术品安然无恙。另有一些陶瓷、书画、玉器、图章，包括先生常用的“江南布衣”等几方印章，徐悲鸿留托给了愚趣园主人韩槐准。韩槐准将这些艺术珍品和韩家的几千块钱，分装在两个大水缸里，用水泥封好口，再涂上防潮的黑漆油，埋在了愚趣园后面的山坡上，再铺上草皮和栽上一棵黄梨树为记号。这些藏品也幸免于难。1949年5月，徐悲鸿得知陈晓南将由美抵新加坡，便托他将黄曼士等人在抗战期间代为保存下来的几十箱艺术品带回北京。今天我们在北京徐悲鸿纪念馆中所见到的部分藏品，就是当年在新加坡炮火下保存下来的。可惜当时有一批徐悲鸿的油画因被称霉烂而未能运回。近年来这些作品不断出现在国际拍卖行，说明徐先生那批油画并非真正霉烂，仍在被人收藏，供人欣赏。

徐悲鸿的部分藏品在抗战期间曾存放在桂林。1944年，湘北大战又起，桂林形势紧急。徐悲鸿急电在西南写生的黄养辉赶去桂林抢运他存放在那里的大批文物。黄氏冒了生命危险，将四十大箱重要文物运抵贵阳，再经资源委员会运务处处长邵雨湘及中央信托局吕学端的帮忙，利用运送现钞的空车免费运到重庆。为嘉奖黄养辉等抢运文物之功，徐悲鸿均作画相赠。

徐悲鸿的藏品可谓得来不易，保存下来更不易，但他并不吝于示人，在举办画展时经常展出这些藏品，有时还赠送他人。1935年，徐悲鸿就想捐献作品及收藏，在广西桂林独秀峰下建一美术馆，但由于全国抗战爆发，未能实现。新中国成立后，社会风气大变，收藏家把许多家传之宝捐献国家，最重要的如虢季子白盘，其他的古文物、善本书不计其数。另一方面，政府也尽力收购重要的文物，以免散失损毁。如五代顾闳中的《韩熙载夜宴图》和隋朝展子虔的山水卷子。这些稀世之

徐悲鸿收藏的《绣龙图》轴局部

珍，过去流散于民间，如今回到人民手里，徐悲鸿深感安慰，因此也有把自己的藏品捐献给国家的意愿。1951年7月末，徐悲鸿因脑溢血住院，病情一度危急。当病情稍有好转能讲话时，就嘱托夫人廖静文：万一自己不幸病逝，请将自己的作品和全部藏品捐献给国家，供全国人民欣赏。

六、徐悲鸿、廖静文夫妇捐献的文物

1953年，徐悲鸿逝世后，其夫人廖静文遵从他的遗愿，将徐悲鸿留下的一千两百余幅作品，他收藏的唐朝以来历代名家书画作品一千两百余件，以及各种珍贵图书、碑帖等一万余件文物全部无偿捐献给了国家。本书中收录了徐悲鸿捐献的部分书画作品，包括以下三类：

一类是徐悲鸿收藏的历代书画。包括《八十七神仙》卷、《朱云折槛图》轴、《罗汉图》轴、《梅妃画真图》卷等宋元珍贵画作，以及明代吕纪、文伯仁、汪肇、陈洪绶，清代髡残、金农、黄慎、郑燮、李方膺、虚谷、任熊、居廉、任颐的绘画作品，明代文徵明、文彭、倪元璐、董其昌、黄道周，清代王铎、傅山、查士标、吴昌硕的书法作品。这些藏品中，徐悲鸿最为珍爱的首推《八十七神仙》卷。这幅作品画面没有任何款识，但徐悲鸿认为是出于唐代名家之手的艺术绝品，代表了我国唐代人物画白描技法的杰出成就。徐悲鸿收藏此画的过程具有传奇色彩。1937年5月，徐悲鸿在香港应香港大学许地山教授之邀，去看一位德籍妇人拟销售的中国字画。据说这位夫人打算出售的字画有四大箱。徐悲鸿看了第一箱，又看了第二箱，从中挑出了几件他欣赏的佳作。在看第三箱时发现了一幅很长的人物画卷，一见倾心，当即买下这幅画，依画中人物数量和身份，将其定名为《八十七神仙》卷，在画后题写了长篇跋文以记其事，并刻了一枚“悲鸿生命”钤印其上，随身携带，不离其身。1942年5月，徐悲鸿在云南昆明举办劳军画展时，因躲避飞机轰炸进入防空洞，不料回到住地时，发现门和箱子都被撬开，珍藏的《八十七神仙》卷和其他三十余幅画都不翼而飞。虽然云南省府尽力追查，但杳无踪影。幸运的是两年后此画又现身成都，徐悲鸿再次以重金购回。1948年，他为此画重新装裱，补写被窃贼挖去的跋文，重钤“悲鸿生命”印，又请著名画家张大千、画家和鉴定家谢稚柳、美学家朱光潜等人题写跋文。此后，《八十七神仙》卷一直为徐悲

齐白石绘《山水》

徐悲鸿和齐白石合影

鸿所保存。

一类是徐悲鸿收藏的近现代画家作品，包括齐白石、黄宾虹、张大千、吕凤子、潘天寿、赵少昂、吴作人、黄君璧、李苦禅、蒋兆和、傅抱石、吕斯百、李可染、叶浅予、谢稚柳、溥雪斋等著名画家的作品。徐悲鸿与这些画家大都相熟，或为师徒，或为益友，相互间经常互赠画作，有时也在画展上购买他们的画。

徐悲鸿与齐白石的友谊十分深远。1928年徐悲鸿

徐悲鸿和齐白石合影

被聘为北平大学艺术学院院长时，齐白石还是一位在北平画坛风评不高的画家，但徐悲鸿慧眼识英雄，力荐他到北平大学艺术学院教授画科。二人由此建立了深厚的友谊。1929年，徐悲鸿因在北平大学艺术学院的改革遭遇阻挠，黯然南归时，齐白石画了一幅《月下寻归图》送给徐悲鸿。徐悲鸿南归以后，和齐白石的书信往还不绝。齐白石每有佳作，必寄给徐悲鸿。徐悲鸿便按齐白石的笔单将稿酬寄回。那时，正是齐白石精力旺盛、创作最成熟的时期，徐悲鸿购藏他的佳作极多。

抗日战争爆发后，齐白石因年迈，被迫留在沦陷了的北平。徐悲鸿十分惦念，曾作诗多首来怀念他。抗战胜利后，在重庆的徐悲鸿就致书齐白石询问其近况。在复信中，齐白石告知徐悲鸿，他在日伪压迫下，勉强能安贫度日，身体还可以。信末，齐白石写道："生我者父母，知我者君也。"1946年，徐悲鸿到北平就任国立北平艺术专科学校校长。齐白石很快被聘任为该校名誉教授。从此，他们往来更加频繁，有时齐白石来徐悲鸿家，有时徐悲鸿去看望齐白石。1949年，北平解放前夕，徐悲鸿坚决抵制南京政府的南迁计划。在齐白石受危言蛊惑，想要离开北平时，徐悲鸿力劝齐白石别听信谣言。齐白石非常信任徐悲鸿，因此放弃了出走，在北平迎接了解放。

一类是徐悲鸿自己的历年作品，包括《蜜月》《箫声》《田横五百士》《徯我后》《愚公移山》等油画，《九方皋》《群牛》《巴人汲水》《漓江春雨》《风雨鸡鸣》《负伤之狮》《灵鹫》《群奔》《会师东京》《天寒翠袖薄》等国画，另有一些素描作品。其中《田横五百士》自1928年开始创作，1930年才完成，主旨是赞扬宁死不屈的义士，是年参加中央美术会绘画展览，此后但凡有大型画展，徐悲鸿几乎都展出此作，如1936年广西省第一届美术展览会，1943年在重庆中央图书馆举行的个人画展等。《徯我后》自1931年开始创作，1933年才完成，描绘的是被压迫的人民渴望被解救。这两幅作品皆是大型画作，被称为中国"美术复兴的第一声"。

徐悲鸿的一生虽然只有短暂的五十八年，但他的艺术成就将永世长存，他的爱国主义精神也将激励一代一代人。谨以此集表达我们对他的缅怀与追思！

印度贵宾拉基夫·甘地的夫人索尼娅女士前往徐悲鸿纪念馆参观

廖静文馆长为少年儿童讲述徐悲鸿先生为振兴中国美术事业的光辉一生

1988年，在日本东京、大阪等地举办徐悲鸿画展

廖静文馆长为参观画展的观众签名留念

1990年，徐悲鸿艺术五十年回顾展在新加坡国家文物馆展出

廖静文女士、徐庆平先生与中国台北历史博物馆馆长合影

1987年4月至10月，应加拿大维多利亚国家美术馆邀请，徐悲鸿画展在加拿大维多利亚市、多伦多市巡回展出

廖静文与时任国家文物局局长单霁翔在无锡徐悲鸿画展上

徐悲鸿诞辰一百周年纪念展

徐悲鸿诞辰一百周年纪念委员会委员、学术委员合影

徐悲鸿收藏的历代书画

佚名 《八十七神仙》卷

唐

纵30厘米 横292厘米

现藏徐悲鸿纪念馆

绢本，白描。绘八十七个神仙从天而降，列队行进，白云冉冉欲动，仙子飘飘欲飞，天王、神将虬须云鬓，身体强健。人物衣褶稠密而重叠，神情各异，神采飞动。构图整齐而不呆板，参差有致。人物虽动态一致，服饰相似，但通过微小的转侧和顾盼，得到相互之间的呼应。线条遒劲而富有韵律，没有着色，却有着强烈渲染效果。整幅画作具有“天衣飞扬，满壁风动”的艺术感染力，充分体现了我国传统白描技法的高超水平，代表了我国唐代人物画白描技法的杰出成就。卷首有齐白石篆书题字，卷后有徐悲鸿1938年、1948年三跋及张大千、谢稚柳跋。

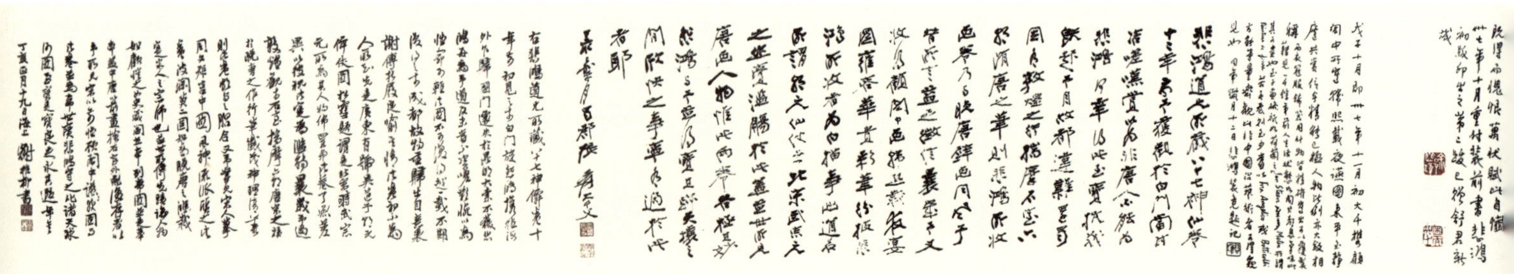

此作为徐悲鸿先生于1937年在香港购得，此后便珍爱如生命，辗转各地皆随身携带。1942年在昆明时，此作被盗，令先生痛心不已。后多方打探此作下落，于1944年重新购回。徐先生认为此卷“可以颉颃欧洲最高贵名作”，并在画上加盖了“悲鸿生命”的印章，以示对此作的重视。潘天寿曾评论此画：“全以人物的衣袖飘带、衣纹皱褶、旌旗流苏等的墨线，交错回旋达成一种和谐的意趣与行走的动，使人感到各种乐器都在发出一种和谐音乐，在空中悠扬一般。”张大千观赏此卷后认为与唐壁画同风，“非唐人不能为”。

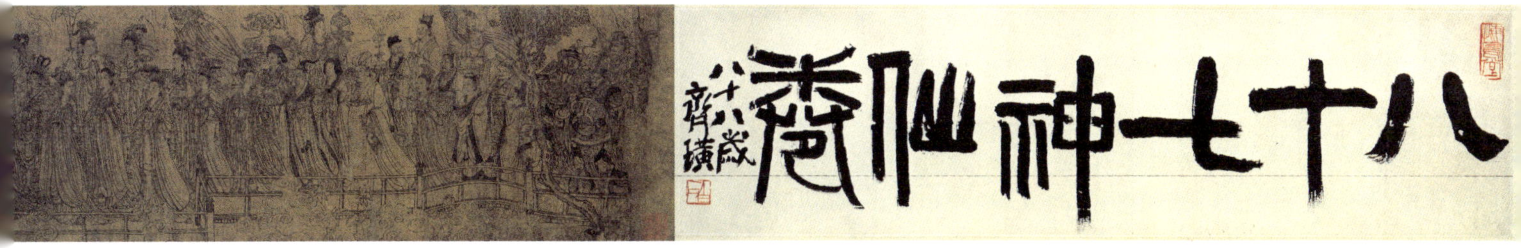

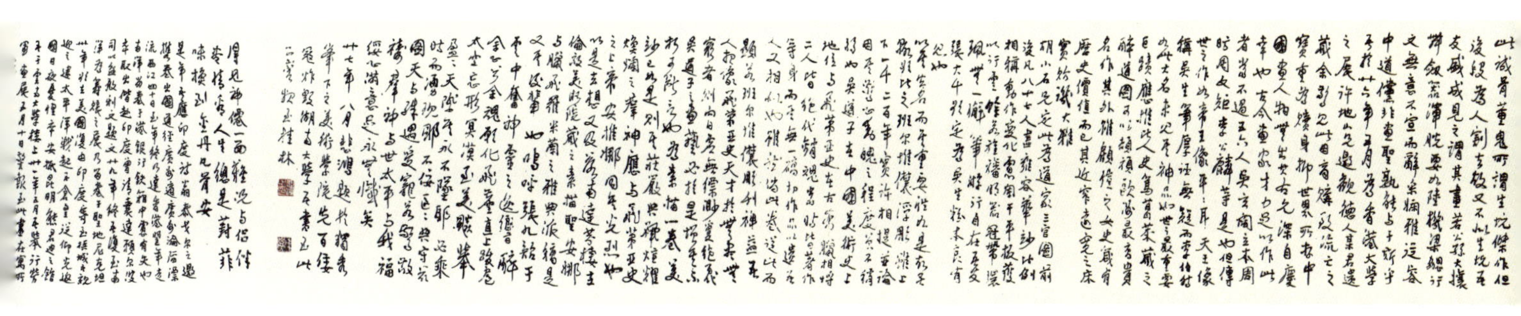

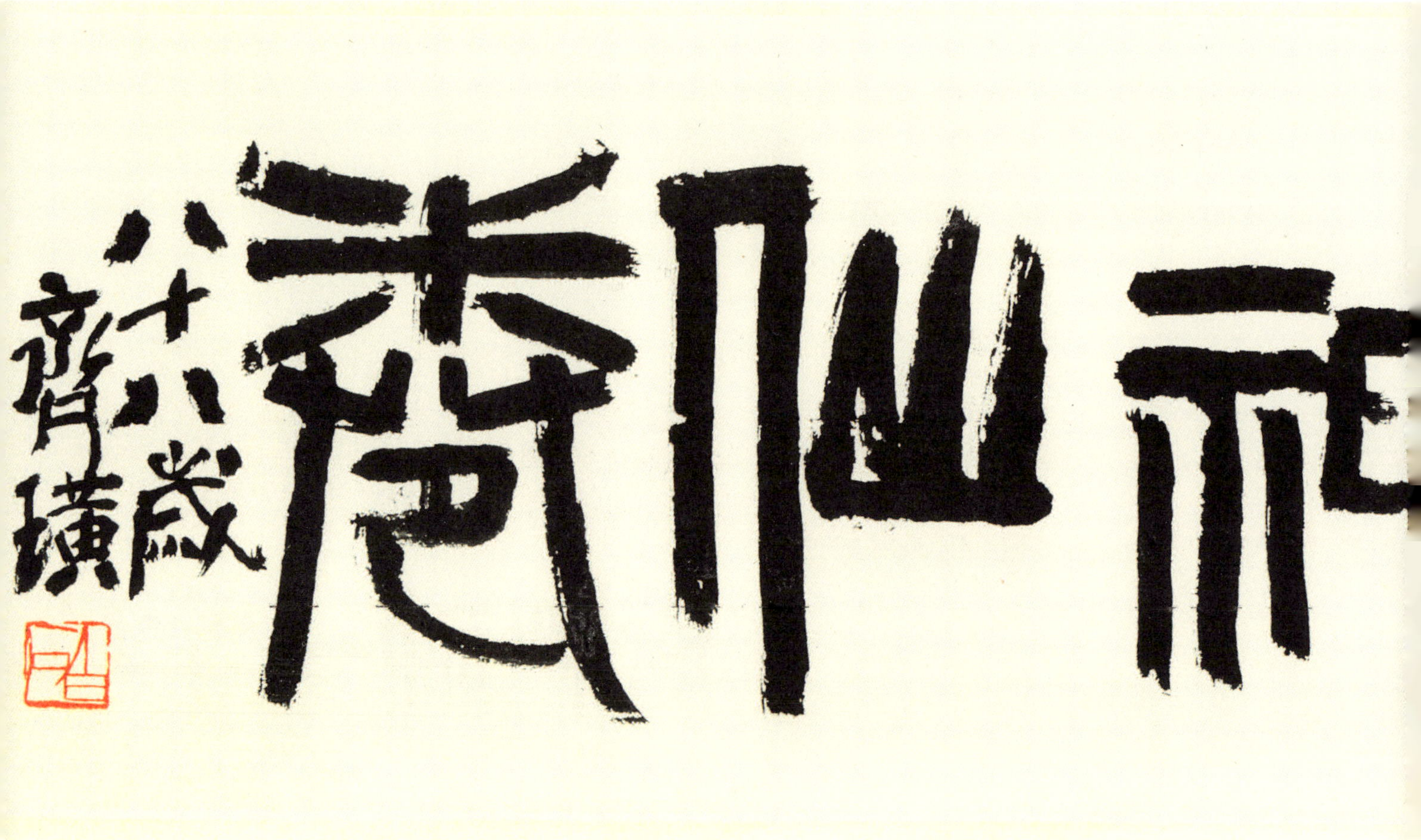
八十六歲
齊璜

七十八

徐悲鸿跋《八十七神仙》卷一释文

此诚骨董鬼所谓生坑杰作，但后段为人割去，故又不似生坑，吾友盛成见之，谓其画若公孙大娘舞剑器，浑脱要如陆机、梁翛行文，无意不宣而辞采娴雅，从容中道。傥非画圣，孰能与于斯乎？吾于廿六年五月为香港大学之展，许地山兄邀观德人某君遗藏，余惊见此，因商购致流亡之宝，重为赎身，抑世界所存中国画人物无出其右，允深自庆幸也。古今画家才力足以作此者，当不过五六人。吴（道）玄、阎立本、周昉、周文矩、李公麟等是也，但传世之作如帝王像平平耳，天王像称吴生笔，厚诬无疑，而李伯时如此大名，未见其神品也。世之最重要巨迹，应推此人史笃葛莱藏之《醉道图》，可以颉颃欧洲最高贵名作。其外虽顾恺之《女史箴》有历史价值而已，其近窄远宽之床，实贻讥大雅。

胡小石兄定此为道家三官图，前后凡八十七人，尽雍容华妙，比例相称，动作变化，虑阑干平板，护以行云，余若旌幡明器、冠带环珮，无一懈笔，游行自在。吾友张大千欲定为吴生粉本，良有见也。

以其失名，而其重要性如是，故吾辄欲比之为班尔堆侬浮雕，虽上下一千二百年，实许相提并论，因其惊心动魄之程度，曾不稍弱也。吴道子在中国美术史上地位，与飞第亚史在古希腊相埒。二人皆绝代销魂，当时皆著作等身，而其无一确切之作品以遗吾人，又相似也。虽然，倘此卷从此而显，若班尔堆农雕刊裨益吾人。想象飞第亚史天才于无尽无穷者，则向日虚无缥缈敻绝百代吴道子之画艺，必于是增其不朽，可断言也。为素描一卷，美妙已如是，则其庄严典丽，煊耀焕烂之群神，应与飞第亚史之上帝安推挪，同其光烈也。以是玄想，又及落南达·芬棲在伦敦美术院藏之素描圣安娜，与腊飞罗米兰之雅典派稿，是又其后辈也。呜呼！张九韶于云中，奋神灵之逸响，醉余心兮，余魂愿化飞尘直上，跋扈太空，忘形冥漠，至美飚举，盈盈天际，其永不坠耶，必乘时而涌现耶！不佞区区，典守兹图，天与殊遇，受宠若惊，敬祷群神，与世太平，与我福绥，心满意足，永无憾矣。

廿七年八月悲鸿题于独秀峰下之美术学院，先一日，倭寇炸毁湖南大学，吾书至此，正警报至桂林。

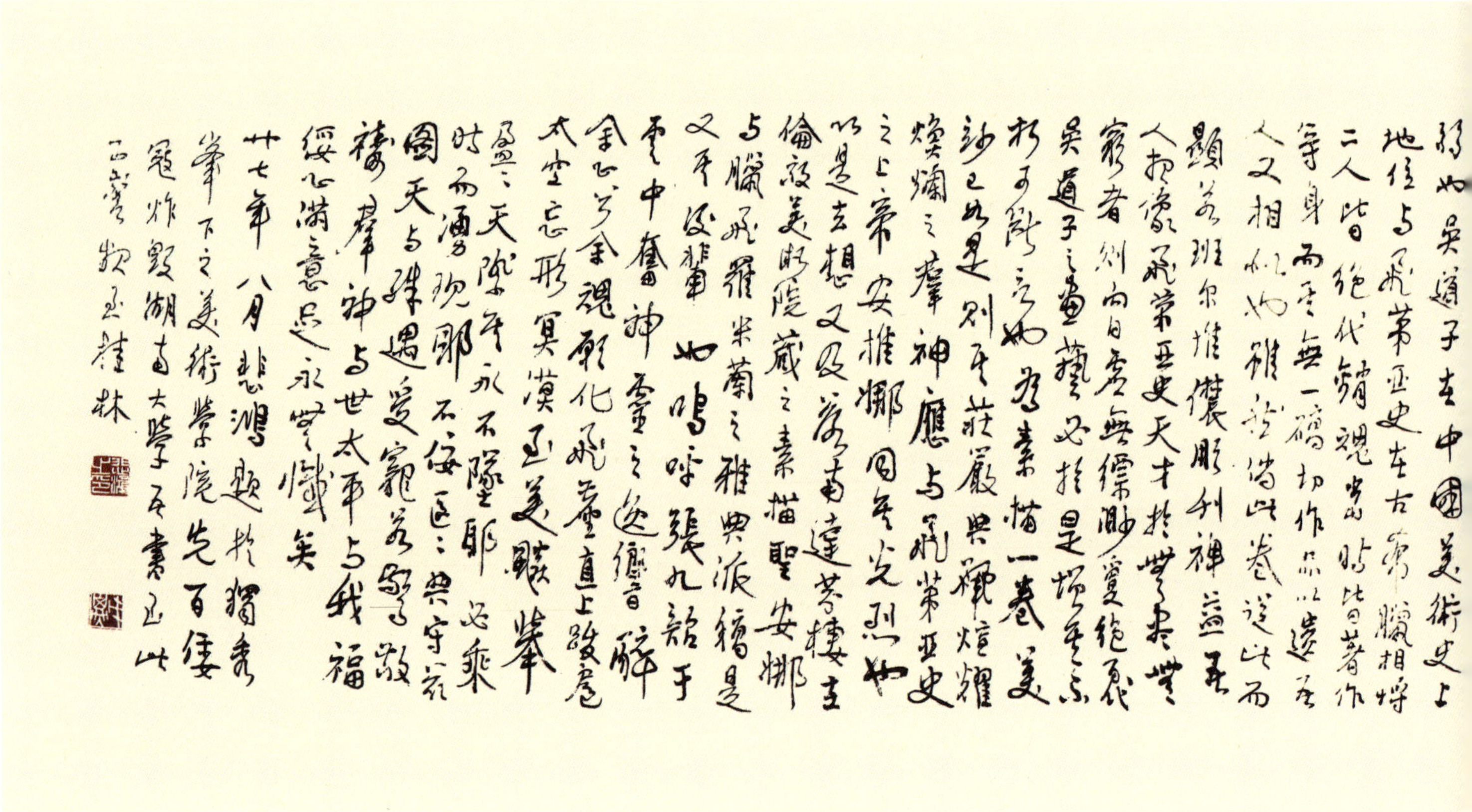

此誠骨董鬼所謂生坑傑作但
後段為人割去故又不如生坑至
友盛成見之謂其畫若公孫大孃
舞劍器渾脫要如陸機梁鴻行
文無意不宣而辭采縝雅從容
中道儻非畫聖孰能與于斯乎
予於廿六年五月為香港大學
之展許地山兄邀觀德人某君遺之
藏余乃見此因商購致流連之
寶重若贖身抑世界所存中
國畫人物無出其右允深自慶
幸也古今畫家才力足以作此
者嘗不過五六人吳玄閻立本周
昉周文矩李公麟等是也但傳
世之作如帝王像耳天王像
稱吳生筆學者無疑而李伯時
如此大名未見有神品如世之最重要
巨蹟應推此人史篤葛萊藏之
醉道圖可以頡頏歐洲最高貴
名作其外雖顧愷之女史箴有
歷史價值而已其近窄遠寬之床
實貽譏大雅
胡小石兄定此為道家三官圖前
後凡八十七人盡雍容華妙比例
相稱動作變化靈閑平平披蕤
以行雲繚為旌旛明器冠帶環
珮無一懈筆游行自在五夏
張大千兄定為吳生粉本良有
見地
以其名而重要證九是教王

徐悲鸿跋《八十七神仙》卷二释文

是年，吾应印度诗翁泰戈尔之邀，携卷出国，道经广州，适广州沦陷，漂流西江四十日，至年终乃达香港。翌年走南洋，留卷于港银行铁箱中，虑有失也，卒取出偕赴印度，曾请囊达赖尔·波司以盆敢利文题文。廿九年终，吾复至南洋为筹赈之展，乃留卷于圣地尼克坦。卅年欲去美国，复由印度寄至槟城，吾亲迎之。逮太平洋战起，吾仓皇从仰光返国，日夜忧惶。卒安抵昆明熊君迪之馆，吾于云南大学楼上。卅一年五月，吾举行劳军画展。五月十日，警报至此，画在寓所，为贼窃去，于是魂魄无主，尽力侦索，终不得。翌两年，中大女生卢荫寰告我曾在成都见之，乃托刘德铭君赴蓉，卒复得之，惟已改装，将“悲鸿生命”印挖去，题跋及考证材料悉数遗失，幸早在香港付中华书局印出。但至卅五年胜利后返沪，始及见也。

想像方壶碧海沉，帝心凄切痛何深；相如能任连城璧，负此须眉愧此身。

既得而愧恨万状，赋此自忏。

卅七年十月重付装前书　悲鸿

初版印出之第二跋已赠舒君新城

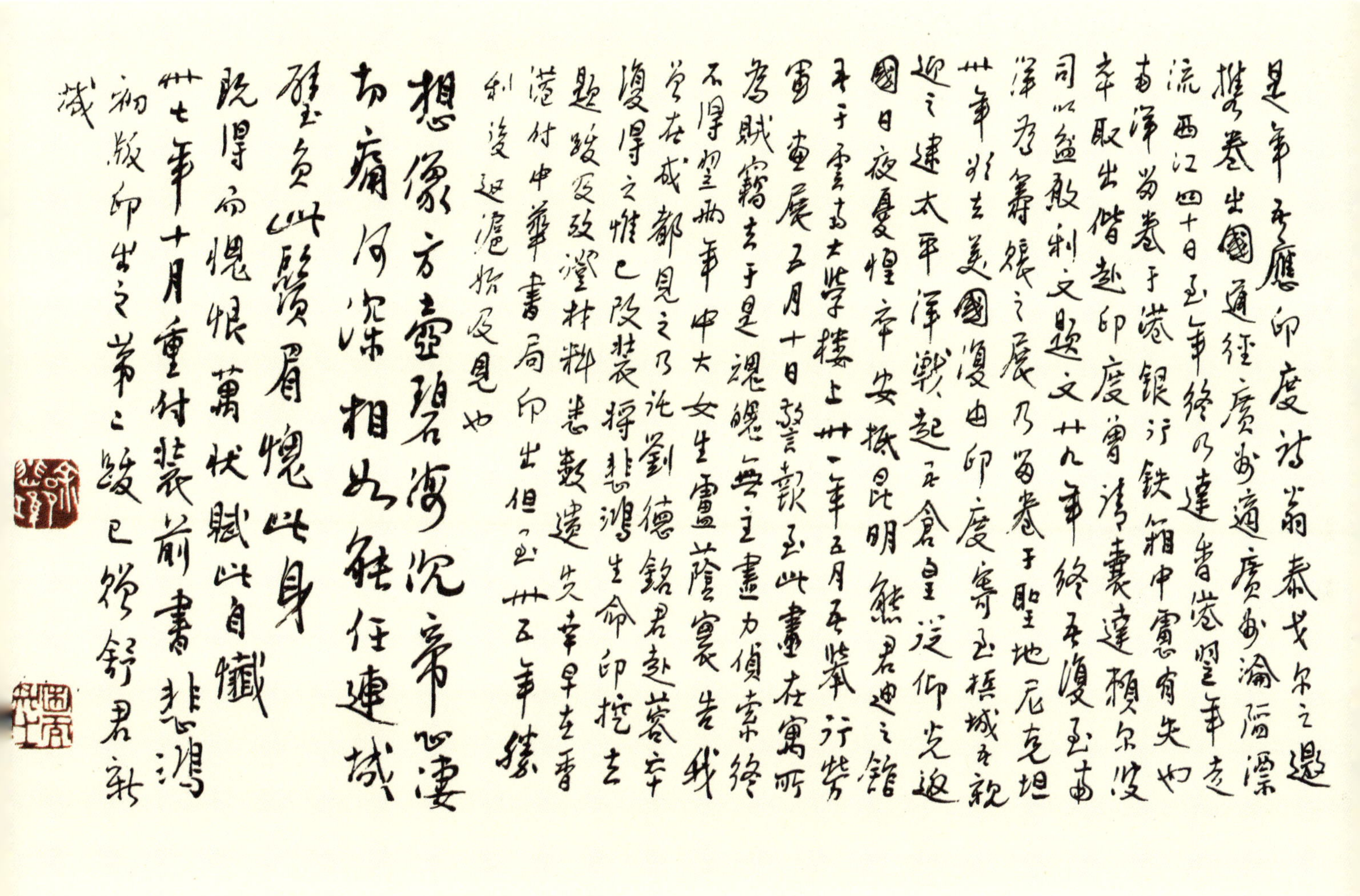

是年秋应印度诗翁泰戈尔之邀
携卷出国，道经广州，适广州沦陷，漂
流西江四十日至年终乃达香港，翌年走
南洋，留卷于港银行铁箱中，虑有失也。
幸取出偕赴印度，曾请囊达赖尔波
司以孟加利文题之。廿九年终至南
洋为筹振之展，乃留卷于圣地尼克坦。
卅年冬去美国，复由印度寄至槟城，吾亲
迎之。逮太平洋战起，仓皇从仰光返
国，日夜忧惶，幸安抵昆明，熊君迎之馆
于云南大学楼上。卅一年五月吾举行劳
军画展，五月十日警报，至此画在寓所
为贼窃去，于是魂魄无主，尽力侦索终
不得。翌两年，中大女生卢荫寰告我
曾在成都见之，乃托刘德铭君赴蓉，幸
复得之，惟已改装，将悲鸿生命印挖去，
题跋及玻璃材料悉数遗失，幸早在香
港付中华书局印出，但已至卅五年终
刊后运沪始及见也。
想象方壶碧海沉，帝心凄
切痛何深。相如能任连城
璧，负此须眉愧此身。
既得而愧恨万状，赋此自懺。
卅七年十月重付装前书　悲鸿
初版印出之第二跋，已经舒君新
城。

徐悲鸿跋《八十七神仙》卷三释文

戊子十月即卅七年十一月初，大千携顾闳中所写《韩熙载夜宴图》来平，至静庐共赏，信乎精能已极，人物比例亦大致相称。而衣冠服饰、器用什物皆精确写出，可以复制。借见一千余年前人生活状态，如闻其声息气味，此其可贵也。至于画格，只如荷兰之Jan Steen，至多Metsu，所谓Prinlture de genre，若吾卷则至少当以Fra Angelico或Botticelli方能等量齐观，此非中国治艺术者可得窥见也。同年腊月十二日，悲鸿装竟题记。

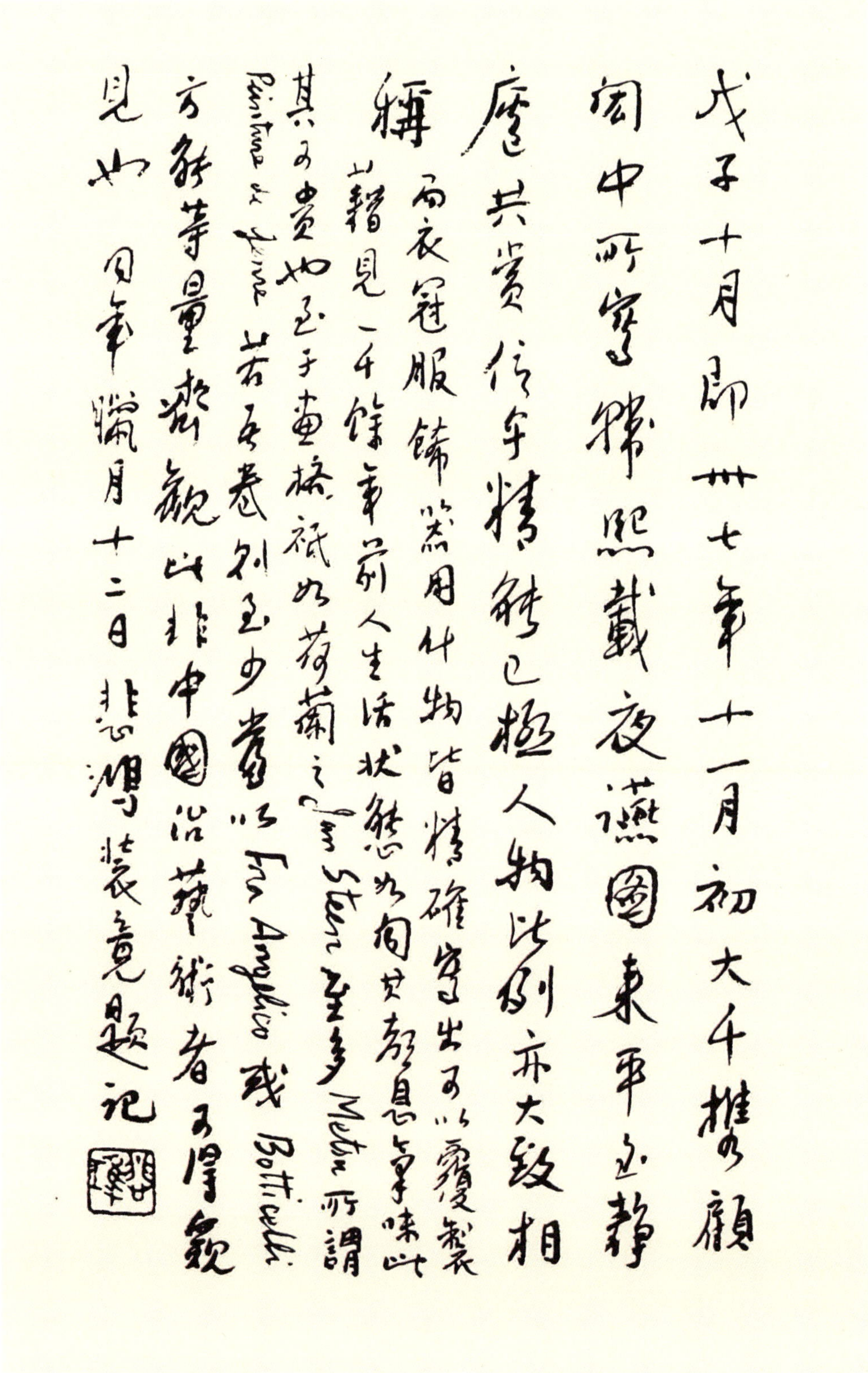
戊子十月即卅七年十一月初大千樓顧
閎中所寫韓熙載夜讌圖東平五靜
庵共賞信乎精絕已極人物比例亦大致相
稱而衣冠服飾器用什物皆精確寫出可以覆製
以稽見一千餘年前人生活狀態尤為向其氣息筆味此
其可貴也至于畫格祇如荷蘭之Jan Steen至多Metsu所謂
Peinture de genre若其卷則至少當以Fra Angelico或Botticelli
方能等量齊觀此非中國治藝術者可得觀
見也 同年臘月十二日 悲鴻裝竟題記

张大千跋《八十七神仙》卷释文

悲鸿道兄所藏《八十七神仙》卷，十二年前，予获观于白门，当时咨嗟叹赏，以为非唐人不能为，悲鸿何幸得此至宝。抗战既起，予自故都违难还蜀，因有敦煌之行，揣摩石室六朝隋唐之笔，则悲鸿所收画卷，乃与晚唐壁画同风，予昔所言，益足征信。曩岁，予又收得顾闳中画《韩熙载夜宴图》，雍容华贵，彩笔纷披。悲鸿所收藏者为白描，事出道教，所谓《朝元仙仗》者，北宋武宗元之作实滥觞于此。盖并世所见唐画人物，唯此两卷，各极其妙，悲鸿与予并得宝其迹，天壤之间，欣快之事，宁有过于此者耶。

丁亥嘉平月蜀郡张爰大千父。

谢稚柳先生跋《八十七神仙》卷释文

右悲鸿道兄所藏《八十七神仙》卷，十年前初见之于白门。旋悲鸿携往海外，乍归国门，遽失于昆明，大索不获，悲鸿每为予道及，未尝不咨嗟叹惋，以为性命可轻，此图不可复得。越一载，不期复得之于成都，故物重归，出自意表，谢傅折屐，良喻其情。此卷初不为人所知，先是广东有号吴道子《朝元仙仗图》，松雪题谓是北宋时武宗元所为，其人物布置与此卷了无差异，以彼视此，实为滥觞。曩岁，予过敦煌，观于石室，揣摸六朝唐宋之迹，于晚唐之作，行笔纤茂，神理清华，则此卷颇与之吻合。又予尝见宋人摹周文矩《宫中图》，风神流派质之此卷，波澜莫二，固知为晚唐之鸿裁，实宋人之宗师也。并世所传先迹，论人物如顾恺之《女史箴》，阎立本《列帝图》，并是摹本。盖中唐以前画，舍石室外，无复存者，以予所见，宋以前惟顾闳中《宴夜图》与此卷，并为希世宝，悲鸿守之，比诸天球、河图至宝，是宝良足永其遐年矣。

丁亥正月十九日海上谢稚柳书。

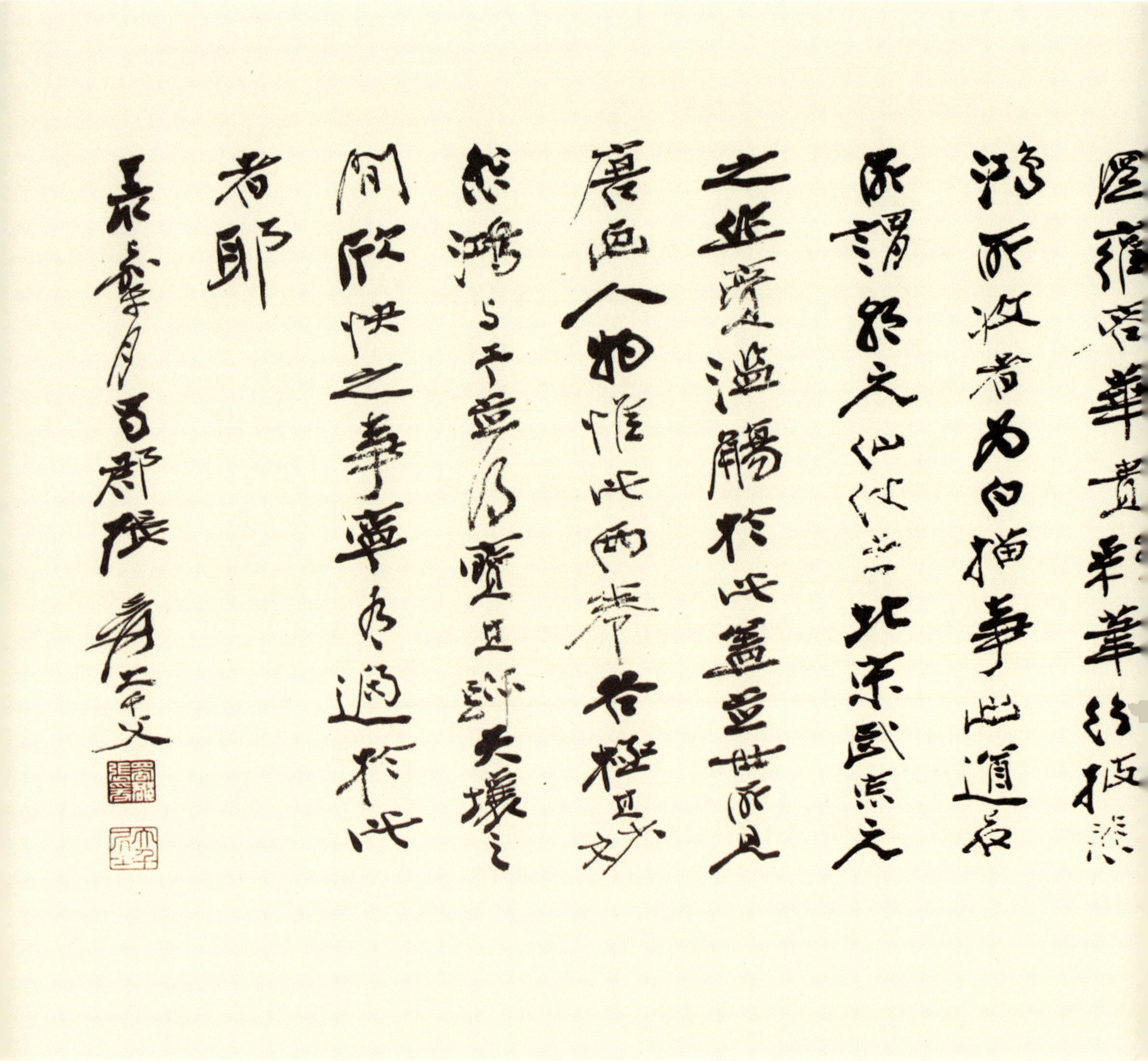

悲鴻道兄所藏八十七神仙卷
十三年前獲觀於白門當時
咨嗟讚賞以為非唐人不能為
悲鴻何幸得此至寶抗戰
既起予月好之都漢業墨寫
因有敦煌之行揣摩不下六
朝隋唐之筆則悲鴻所收
畫卷乃與晚唐壁畫同合予
昔歲之言益足徵信曩歲乎文

於晚唐之作，行筆纖茂，神理流宕，無
則光彩照人，脂合又不常見宋人摹
周文矩宮中圖，風神流派，殆之比
舊波瀾莫二圖，知猶晚唐之滙裁
遂宋人之宗師也。並世所傳先蹟論人物
如顧愷之女史箴、閻立本列帝圖，並是摹
本，蓋中唐以前畫，捨石窟外，鮮後存者，以
本所見宋以前惟顧閎中謙謙役圖與
此卷並為希世寶，非昭陵之比，諸天球
河圖之寶，實良足永其題跋年矣
丁亥正月十九日海上 劉稚柳書

右悲鴻道兄所藏八十七神僊卷十
年前初見之于白門旋悲鴻攜往海
外作歸國門還失於昆明大索不獲悲
鴻每為予道及未嘗不嗟咤惋惜以為
性命不輕此圖不可復得越一載不期
復得之於成都故物重歸出自意表
謝傅折屐良喻其情之和不為過
人所知先是廣東有歸吳道子朝元
僊仗圖松雪題謂是北宋時武宗
元所為其人物佈置布法與此卷了無差
異、以此況法宜是為臨摹粉墨藏本而過

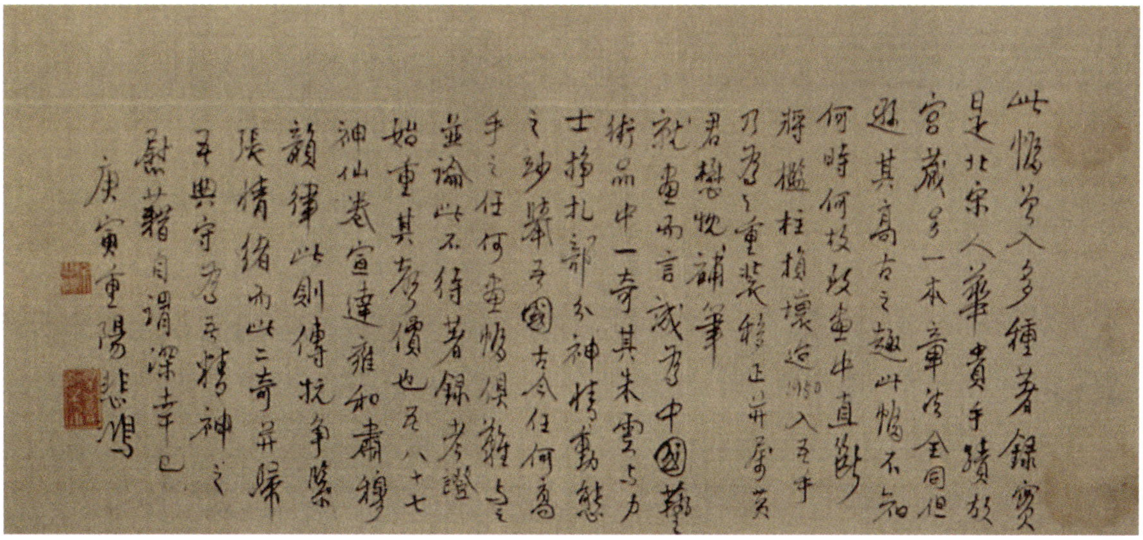

佚名　《朱云折槛图》轴

宋

纵133厘米　横76厘米

现藏徐悲鸿纪念馆

绢本，设色。取材于《汉书·朱云传》。故事说汉成帝时的朱云上书直谏，指斥帝师张禹是佞臣。成帝大怒，命人将朱云拖出去问斩。朱云攀住殿槛，依然谏言，以致殿槛折损。后来成帝觉悟，命保留折坏的殿槛，以旌直臣。图绘庭园中，乔松湖石。兵士正在拖朱云，朱云抱住栏槛。成帝侧身坐龙椅上，长须飘洒，眼露凶光，与朱云目光相对。张禹手捧笏板站在成帝身边，面露佞笑。一大臣躬身为朱云求情。画面布局巧妙，情节紧张激烈，人物性格刻画真实生动，富有鲜明的个性。线条遒劲有力，色彩鲜明强烈。

此作是徐悲鸿先生于1950年在北京购得的。题曰："此幅曾入多种著录，实是北宋人华贵手迹。故宫藏另一本，章法全同，但逊其高古之趣。此幅不知何时何故致画中直断，将槛柱损坏。迨1950（年）入吾手，乃为之重装移正，并属黄君懋忱补笔。就画而言，诚为中国艺术品中一奇，其朱云与力士挣扎部分，神情动态之妙，举吾国古今任何高手之任何画幅，俱难与之并论，此不待著录考证，始重其声价也。吾《八十七神仙》卷宣达雍和肃穆韵律，此则传抗争紧张情绪，而此二奇归吾典守，为吾精神之慰藉，自谓深幸已。庚寅（1950年）重阳，悲鸿。"

庚寅重陽悲鴻

写心惟难

——宋人《折槛图》介绍

李松

唐宋时期的人物画曾经达到很高的水平，传世的宋画《折槛图》是处理复杂情节、深入刻画人物心理的优秀范例。徐悲鸿曾高度评价这幅作品，认为画中所表现的“朱云与力士挣扎部分，神情动态之妙，举吾国古今任何高手之任何画幅，俱难与之并论”。

汉代朱云折槛故事，是中国古代绘画的传统题材，据宋代郭若虚《图画见闻志》记载，唐代吴道子就曾画过这一内容。

据《汉书·朱云传》：汉成帝时，朱云上书求见，公卿在前。朱云说：“当今朝廷大臣上不能匡正主上的过失，下做不出有益于民的事，都是尸位素餐之辈。臣请求赐给尚方斩马剑杀佞臣一人，使此辈知所戒惧。”成帝问：“谁也？”朱云答：“安昌侯张禹。”

张禹是成帝先前的师傅，正受到特殊的宠遇。当即引起了汉成帝的暴怒。他说：“你敢居下讪上，廷辱师傅，罪死不赦！”立命御史将朱云拖下去，朱云攀住殿槛（扶手）力争，把殿槛也折断了。他大呼道：“臣可以下从古代贤臣龙逄、比干游于九泉，心满意足了，但不知汉朝江山将落得何等下场啊！”御史终于把他拖走了。此时，左将军辛庆忌免冠解下印绶，叩头于殿下，说：“此人向以狂直著称，倘他说得对，不可诛，即使讲错了，也应宽容。我愿以死相争。”边说边叩头流血。成帝听了逐渐省悟，赦免了朱云。

后来，当工匠来修理断了的栏杆扶手时，成帝说：“不要换，就这样保存原状，来表彰耿直之臣！”

这次冲突之后，朱云意见并未被采纳。他从此脱离了政治生活，以教授诸生终其余年；张禹在特殊优待条件下退休之后，依然能凭仗权势，巧取豪夺。这件事对江河日下的西汉后期政治并未产生影响。但是汉成帝刘骜，在盛怒之中，能够听下不同意见，知所节制，不滥杀直臣，一个封建统治者有此度量，也颇为不易了。

有趣的是，朱云折槛故事在后世宫廷建筑中留下了印迹，宋《营造法式》一书中记载：宫殿栏杆当中两栱之间不加扶手（寻杖），称作“折槛”，即是纪念这一事件的。封建社会鼓励画家表现敢谏、纳谏的题材，是出于维护和巩固封建统治的需要，而这类题材本身富于情节，便于通过矛盾冲突刻画人物，也为画家所乐于表现。

《折槛图》上，处于激烈冲突之中的是汉成帝刘骜与朱云这两个人物，而他们之间的矛盾实际是由朱云和张禹的对立和斗争中诱发出来的。由于刘骜对张禹的姑息、包庇，朱云的抗争，刘骜盛怒之下要杀朱云，矛盾冲突达到顶点。作品表现的正是矛盾冲突的高潮，朱云被武士强拽着，奋力攀住扶手，在千钧一发之际，谏臣辛庆忌的出现，预示了矛盾的发展出现转机。而这一切，是通过画面上三组九个人物的呼应、配合，简洁、明了地交代清楚的。文艺创作只有汰尽陈言，才能达到精粹。传统的人物画创作也和传统的戏剧一样，善于以最少的人物，简单的道具、环境，清楚地说明情节、表达主题，从而获得最大的艺术表现力。

如果和文献记载加以对照，就可以看出，这幅画在情节处理上，作者是在不违背基本史实的前提下，运用绘画语言，做了合理的安排与变通。首先，他把事件安排在宫廷苑囿的环境，而不是“公卿在前”的宫殿之内，这就节省了许多笔墨，省却了许多不必要的出场人物和环境描写。其次，在事件发生的时间上，也做了更适合于绘画表现的安排：辛庆忌不是等着把朱云拖走了才出来进谏的，而且既未“免冠解印绶”，也不曾“叩头流血”。这样，就便于使观者通过可视的形象得以更明白地了解事件的经过，理解和接受作品的主题思想。它通过画面上出现的几组人物的相互关联，安排了一条诱导观者理解与思考的路线，眉目清楚，层次井然。从本质上说，不悖于历史的真实，却更充分地发挥了绘画的长处。它既未拘泥于历史的细节，也不过分矫饰夸张。作者想要表达的思想内容都充分表达出来了，而做到这一点，却又是举重若轻，从容不迫的。这些也正是许多优秀的古代人物故事画共同的特色。

《折槛图》创作的成功，不仅在于情节的处理。画家对这几个人物在激烈冲突中不同心理状态的捕捉与描绘也是非常出色的。“人格的伟大和刚强只有借矛盾对立的伟大和刚强才能衡量出来。”（黑格尔《美学》）画上，斗争的双方，力量悬殊，成帝刘骜掌握着生杀予夺的绝对权威，他的身边环立着近臣与侍从，而朱云身边则是正在把他强拖而去的彪形武士，但是他的神情却是刚强严正、毫不怯懦的。整个画面的气氛，人物内在的精神力量处于激烈的对峙之中。而处于局外的近侍与宫女虽则在身份上是成帝的从属，但此刻，他们却以关心与同情的目光投向朱云，道义上的是非曲直压倒了表面上人数和势焰的优势。

宋代画论很重视人物的心理刻画，认为写貌并不难，“写心惟难”。朱云和刘骜的斗争，从他们眼神的对峙上可以令人感到他们内心情绪起伏的涛声。此刻，朱云攀着栏杆，眼中喷射出激愤、倔强、不屈的光芒，遥遥与已失去自制的刘骜傲慢的、带着杀机的目光对峙着、角斗着。这目光，使人不由地想到苏里柯夫的名画

《近卫军临刑的早晨》中彼得一世和临刑前的近卫兵相互仇视的、凌厉的目光。

这里，还有一双眼睛不是可有可无的——站在成帝目光身边的张禹，那双阴暗的、猥琐的、贪婪的佞臣的眼睛。他没有大的动作，但在头部微微地俯仰之间，传达出其暗暗得意的心情，出神入化地把一个卑鄙龌龊的灵魂与朱云的凛然正气做了鲜明的对照。人们常把眼睛比作心灵之窗，我国古代画家说：“传神写照正在阿堵之中。”确乎是精到之见。在古代绘画中，能如此成功地通过人物的矛盾冲突深刻描写人物心理状态的作品是

不多见的。它与李唐的《采薇图》等作品一起，标志着我国古代人物画所达到的新的高度。

注

《折槛图》存世有两幅。其一原为故宫收藏，今在中国台湾。绢本，设色，高173.9厘米，宽101.6厘米，无款印。有乾隆、嘉庆诸玺及乾隆题记。《石渠宝笈初编》著录。另一幅为徐悲鸿纪念馆所藏。于1950年收入，画的中部折断，徐悲鸿重装时移正并修补过。两画画面基本相同，但细节处理小有不同，两画都十分着力于人物神情刻画，而衣纹、服饰细部不尽相同。故宫本画面空间较大，成帝与朱云处于平行位置，遥相呼应。徐本位置较迫塞，可能由于迁就绢的幅面，而将成帝位置推后移高。差别更大的是背景处理。作为主要环境道具的“槛”，即栏杆，故宫本勾栏的构造，华板雕（画）游龙图案，与《营造法式》记载相同，是唐宋流行的宫殿勾栏式样，而徐本中勾栏的华板部分却画成棂子。此外，两画的花石的叠涩基座，大体相同，属于较早的样式。这些细节也间接说明，它的创作年代不晚于宋，而其艺术上的高度成就，显然是人物画兴盛时期的产物。这两幅画也可能出于一个传统的粉本，在临摹、再创作过程中，随作者理解的不同，而在细节上做了更改。

佚名 《罗汉图》轴

宋

纵134厘米 横68厘米

现藏徐悲鸿纪念馆

绢本，设色。绘棕榈树下，罗汉坐于湖石上，双手托宝塔。身后立一信徒，双手合十。罗汉作西域僧人状，额骨突出，高鼻深目，形象已不同于早期怪异的西域特征，更接近现实的世俗生活。人物面部及裸露的肌肉先用线勾出，再用淡墨及色彩渲染，具有了凹凸的效果。线条转折顿挫有法，俊朗秀逸。

此作是徐悲鸿先生于1948年夏以极低廉的价格购得的。题曰："此定是北宋高手所作，而霉烂已甚，戊子夏日，为吾发见，因得救出。灿然生辉，不减李公麟巨迹，诚生平快事之一也。卅七年（1948年）寒冬，悲鸿呵冻题于北平静庐。"

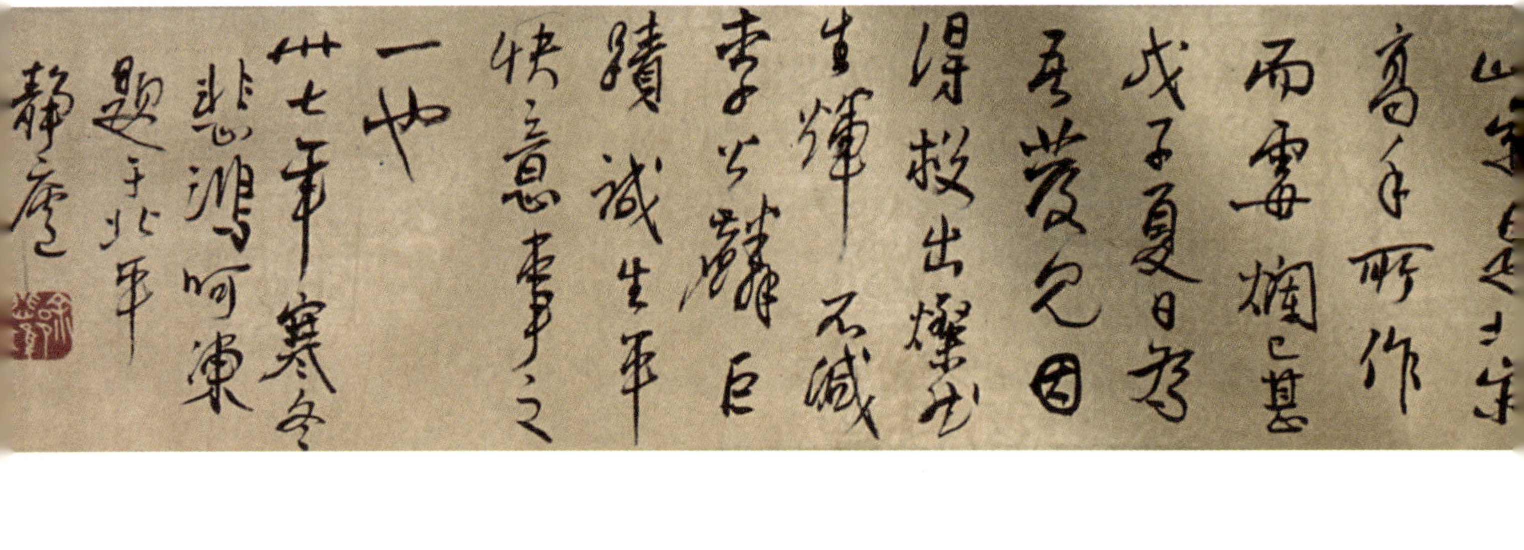

王振鹏　《梅妃画真图》卷

元

纵30厘米　横534厘米

现藏徐悲鸿纪念馆

绢本，设色。描绘了十分富丽的宫廷建筑和宫廷生活，人物众多，场面很大。最精彩的一段是宫廷画师为唐明皇宠妃梅妃画像的那一部分，气氛凝静，形象深刻传神。卷前题："乾隆三十六年（1771年）正月十二日，重华宫茶宴联句，赐内廷供奉，日讲起居注官，翰林院侍读，臣董诰。"卷后有明末画家恽本初题长诗一首，清人孙均曾藏，并题两则，定为王振鹏所画。最后为徐悲鸿题："此卷以人物树石界画法而论，极可能是仇十洲（仇英）作品，因五百年中惟仇方有此工力。而

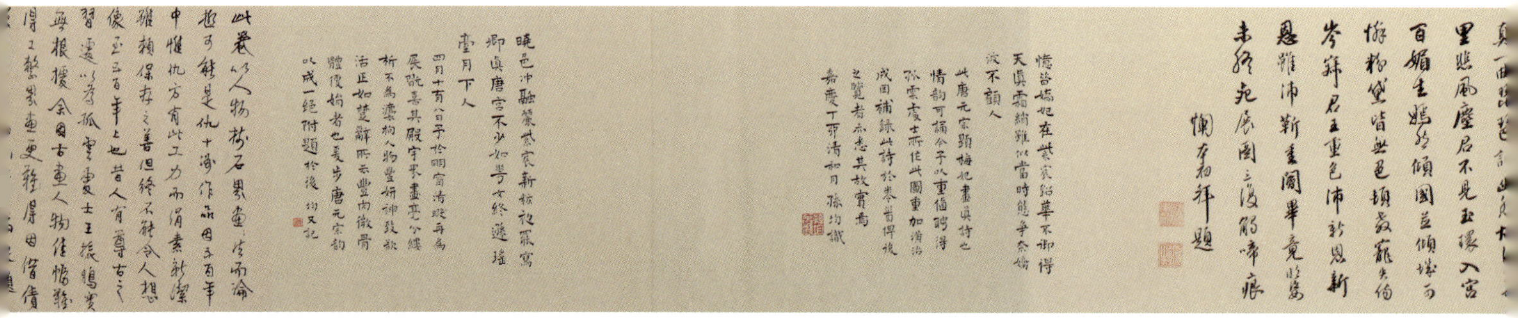

绢素新洁虽赖保存之善，但终不能令人想象至五百年上也。昔人有尊古之习，遽以为孤云处士王振鹏，实无根据。余因古画人物佳幅难得，工整界画更难得，因借债收之。辛卯六月病起题，悲鸿。”

王振鹏，生卒年不详。字朋梅，号孤云处士。浙江永嘉（今浙江温州）人。曾受到元仁宗重视，官至漕运千户。擅界画，兼擅人物画，界画作品大都取材于宫廷建筑，用笔细劲，气势飞动，不为法拘，风格独到，被推为元季界画第一，不在郭忠恕之下。人物画师承李公麟。

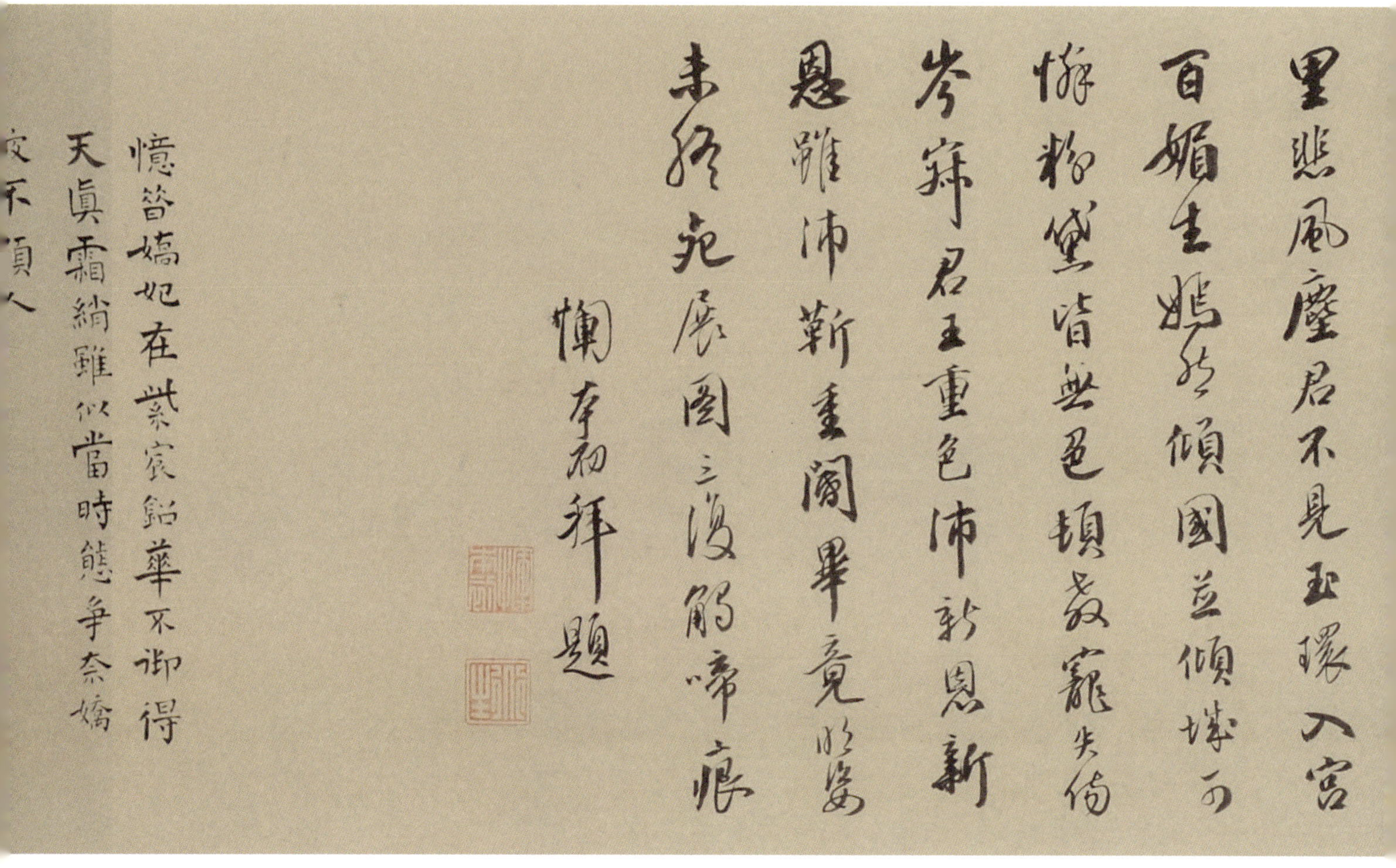
憶昔嬌妃在紫宸鉛華不御得
天真霜綃雖似當時態爭奈嬌
波不顧人

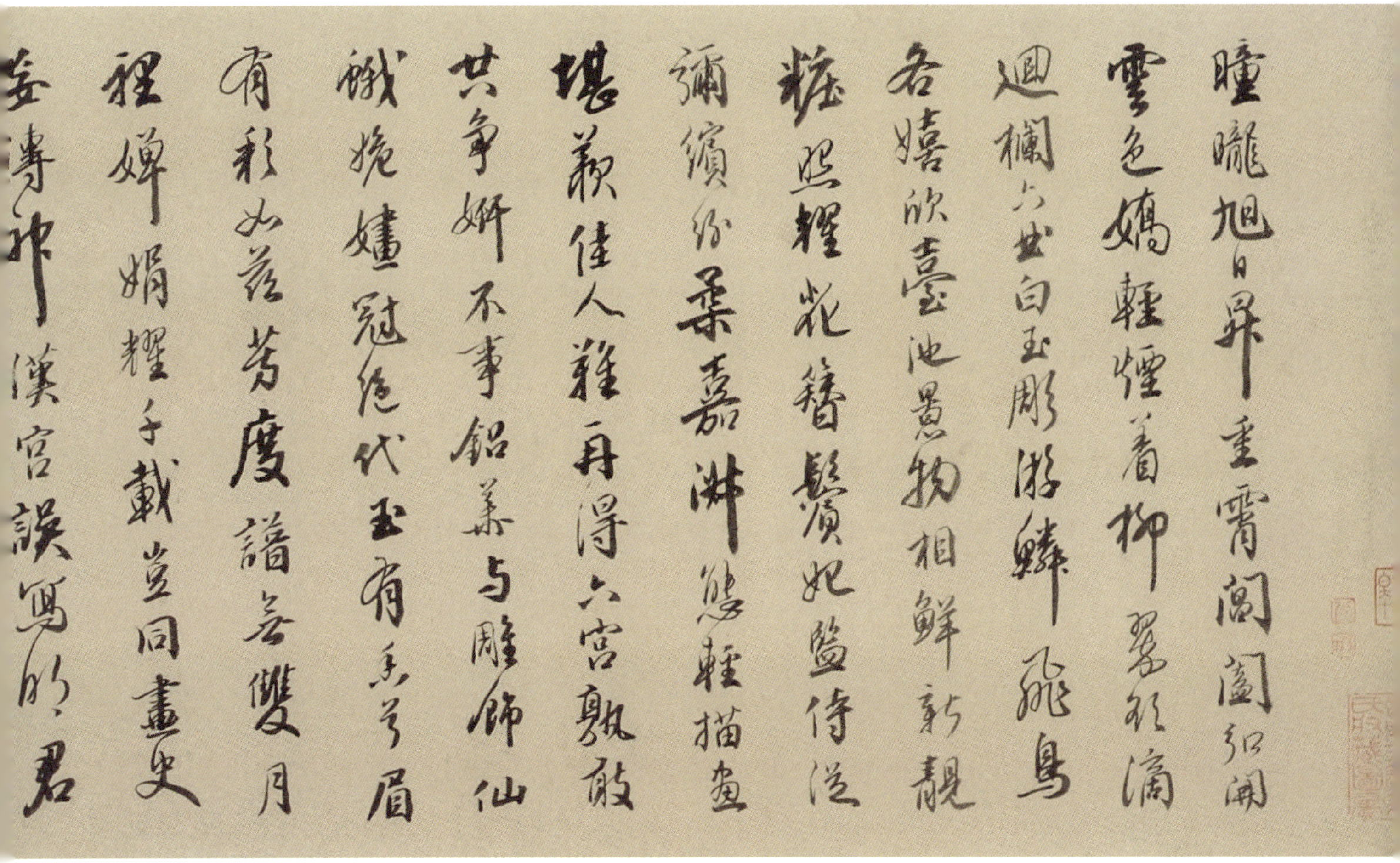
曈曨旭日昇重霄閶闔弘開
雲色嫣輕煙着柳翠絲滴
迴欄六出白玉彫游鱗飛鳥
各嬉欣臺池愚物相鮮新靚
糚照耀花簪鬢妃嬪侍從
彌繽紛柔嘉淑態輕描盈
堪羨佳人難再得六宮孰敢
共爭妍不事鉛華与雕飾仙
娥嬝嫿冠絕代玉肩香眉
有彩如花芳度譜無雙月
裡嬋娟耀千載豈同畫史
無壽形漢宮誤寫於君

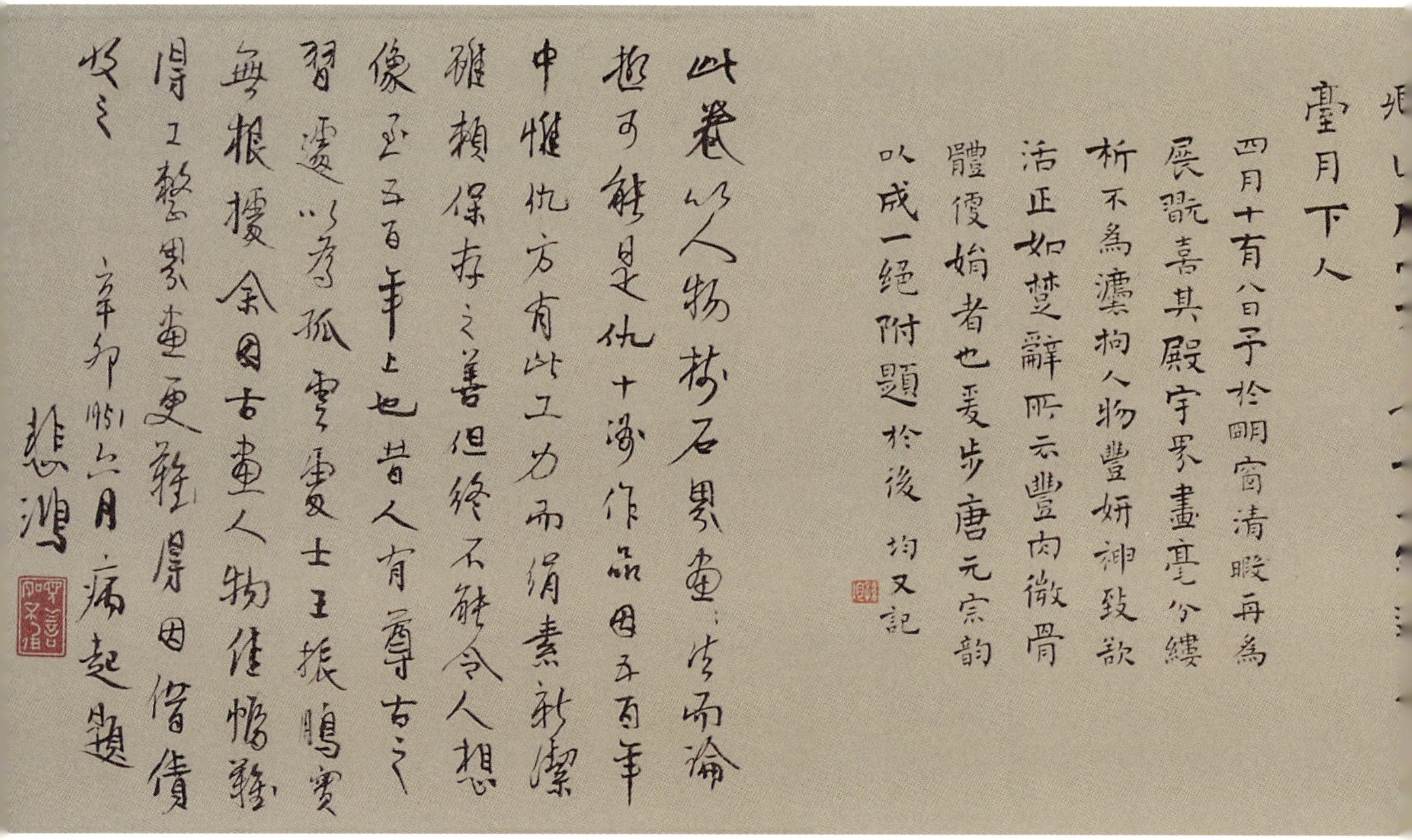

臺月下人

四月十有八日予於明窗清暇再為展翫嘉其殿宇界畫毫分縷析不為漂拘人物豐妍神致欲活正如楚辭所云豐肉微骨體便娟者也爰步唐元宗韻以成一絕附題於後 均又記

此卷以人物樹石界畫畫法論之可能是仇十洲作品因五百年中惟仇方有此工力而絹素新潔雖賴保存之善但終不能令人想像五百年上也昔人有尊古之習遂以為孤雲處士王振鵬實無根據余因古畫人物佳構難得工整界畫更難得因借債收之

辛卯1951六月病起題 悲鴻

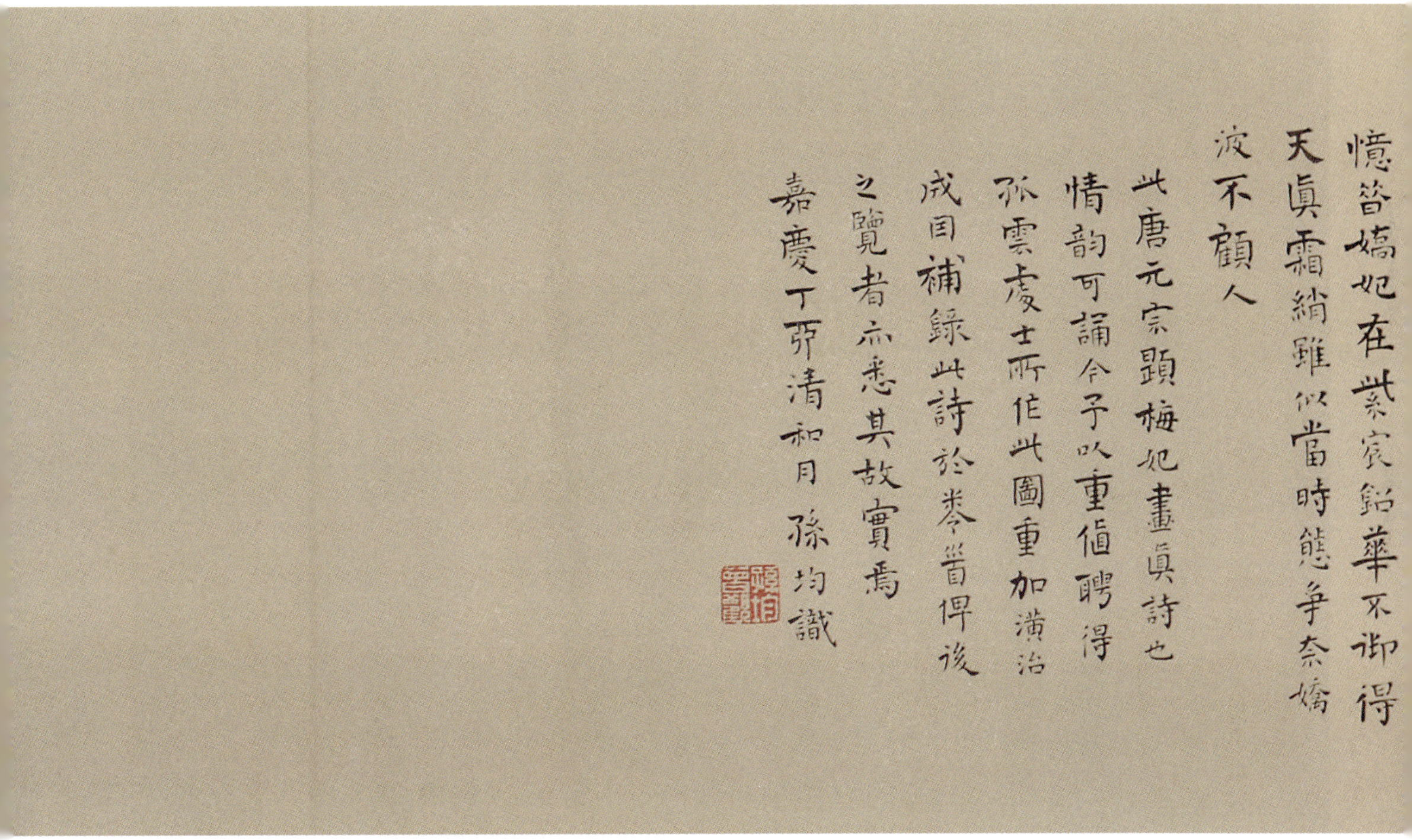
憶昔嬌妃在紫宸鉛華不御得
天真霜綃雖似當時態爭奈嬌
波不顧人
此唐元宗題梅妃畫真詩也
情韵可誦今予以重值聘得
孤雲處士所作此圖重加潢治
成冊補錄此詩於卷首俾後
之覽者亦悉其故實焉
嘉慶丁卯清和月 孫均識

凌云翰 《寒鸭睡凫图》轴

明

纵187厘米 横93厘米

现藏徐悲鸿纪念馆

绢本，设色。画中柳枝上五只寒鸦依偎，神情慵懒，树下溪岸边三只野鸭正在梳理羽毛。树石以淡墨勾写，禽鸟则工笔细写，淡设色。构图简洁，重点为上下禽鸟，树石等背景描绘简练。树石间一枝梅花，以白粉勾画，为暗淡的景致增添一抹亮色。署款“癸酉夏日写，凌云翰”。

凌云翰，字五云，明万历至崇祯（1573—1644年）时人，居南京。擅画山水，亦善梅兰，尤工画石。为胡正言所推许。明天启七年（1627年）尝与高阳、高友、魏之璜、魏之克等同校胡正言所辑《十竹斋书画谱》，其中《梅谱》中有其所画《香梦沉酣》《烟梅图》。《十竹斋笺谱》所画石，为胡正言临其画石。

佚名 《青绿山水》卷

明

纵42.5厘米 横1244厘米

现藏徐悲鸿纪念馆

绢本，青绿设色。全图采用全景式构图，描绘江南景色，开始阶段绘群山江岸景色，群山耸翠，泉流如注，烟江远岫，绿树掩映，江中有大小帆船，岸边有屋舍，散布劳作的人。近郊山势转缓，野草丛生，有数骑徜徉其间，似郊游，又似游猎。近城下，渐趋繁华，屋舍成排，店铺林立。城郭内，殿宇栉比，绿瓦红墙，一座座分隔成独立空间的院落，其间仕女三三两两，或聚首窃语，或游戏；一间颇具规模的马厩，十余匹骏马悠闲自得；庭院内装点湖石、花木，院外道路上有马车穿行。城墙外山林间扎有帐篷，空地上散放马匹，军旗、兵器整齐摆放，军士穿行其间。全图运笔细腻，点画晕染严谨，人马、舟车虽小如豆，却形象动态、鲜明生动，殿宇、楼阁描绘工致，一丝不苟。山石以青绿色为主，但力求变化，间以赭色为衬托，使画面层次分明，鲜艳灿烂。图无款印，风格近仇英一路，是一幅具有较高艺术水平的明代绘画。

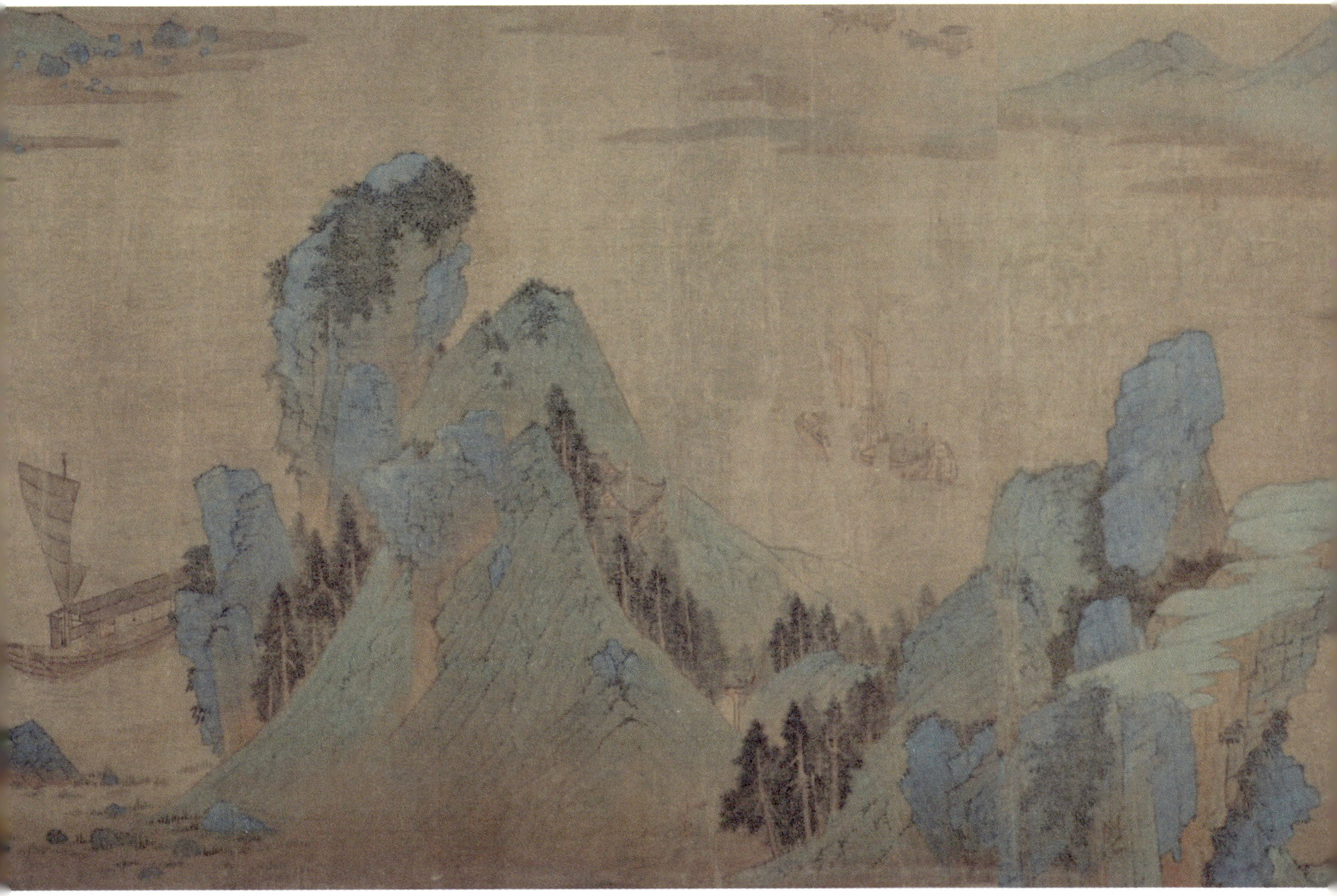

吕纪 《芦雁图》轴

明

纵205厘米 横110厘米

现藏徐悲鸿纪念馆

绢本，设色。绘河畔芦荻丛生，芙蓉花开。岸边水鸟嬉戏，水中两只大雁悠游，引颈望天，空中两雁展翅高飞。画面动静结合，情状生动。全图以写意法描绘，大雁、花卉、芦荻等均以墨色直接绘出。

吕纪（1477—？年），字廷振，号乐愚。鄞（今浙江宁波）人。以画被召入宫，值仁智殿，授锦衣卫指挥使。与林良、边景昭齐名，为明代院体花鸟画派代表画家之一。擅绘花鸟，亦工山水、人物。初学边景昭，后临仿唐宋名画，晚年水墨苍劲。师承两宋院体画风，常绘凤凰、鹤、孔雀、鸳鸯之类，杂以花树，秾郁灿烂，古艳夺目，以工笔重彩为主，亦能水墨写意，兼工带写，结合两体，泉石布景，烟润点染，具有造化之妙。

文伯仁 《山水图》扇面

明

纵16厘米　横50厘米

现藏徐悲鸿纪念馆

纸本，设色。绘一江两岸。远岸杂树丛生，一庄园掩映其中，山势连绵，渐远渐淡。近岸坡石丛树，一文士临江远眺。山石用墨笔皴擦，浓墨点苔。笔致细谨，意境清雅，别有意趣。署款“五峰文伯仁为云湖亲家写”，钤“德承”等二印。

文伯仁（1502—1575年），字德承，号五峰山人、摄山老农。长洲（今江苏苏州）人，文徵明侄。擅画山水、人物，山水宗法王蒙，学“三赵”（赵令穰、赵伯驹、赵孟頫），笔墨细劲缜密，岩峦郁茂，布景奇兀，有独得之妙，能传家学，横披大幅颇负出蓝之誉。技巧高于文嘉，而鉴赏不及文嘉。

汪肇　《芦雁图》轴

明

纵166厘米　横86.5厘米

现藏徐悲鸿纪念馆

绢本，设色。绘苇塘一角，苇叶迎风。苇丛下三只大雁姿态各异，一梳羽，一觅食，一望天，似在呼唤空中之雁。大雁以没骨法写出，唯喙部以墨线勾。全图以水墨为主，仅雁嘴、足染淡赭。雁群刻画生动，反映出画家较强的写生能力。署款“海云”，钤“汪克终印”。

汪肇，生卒年不详，字德初、克终，号海云。休宁（今属安徽）人。与蒋嵩、张路、郑文林等并称为浙派晚期名家。擅画山水、人物、花鸟。师学戴进、吴伟、张路，多用粗笔水墨，颓放草率。其画不经意处，颇露天真。尤长于翎毛，自成一格。

陈洪绶 《采菊图》轴

明

纵170厘米 横38.5厘米

现藏徐悲鸿纪念馆

纸本，水墨。绘陶渊明携二侍从采菊归来。陶渊明体态魁伟，侍从矮小似侏儒，主次有序。全卷无背景，使画面具有简逸清旷之感。衣纹圆劲，具有古朴之感。本幅署款“云溪老迟洪绶画于翻经阁”，钤“章侯”印。画上徐悲鸿题句：“罢官陶令出门去，两个侏儒冠服随。视察收成好半日，借瓶养得菊花归。此幅题字大佳，罗叔言想以此收之也。1950（年）冬日悲鸿笑题。”另钤“希之”“朱卧庵收藏”印等鉴藏印。

陈洪绶（1598—1652年），幼名莲子，一名胥岸，字章侯，号老莲、悔迟、小净名、云门僧等。诸暨（今属浙江）人。崇祯时国子监生。授舍人，内廷供奉。明亡后，曾出家云门寺。后还俗，以卖画为生。曾受业于刘宗周、黄道周。与崔子忠齐名，称“南陈北崔”。擅画人物、花鸟、草虫、山水。曾师学蓝瑛，后自成一家，画风奇傲古拙。

罷官陶令出門去
兩个侏儒冠服隨
視察收成好半日
借瓶養得菊花歸
此幅題字大佳羅琳言
想日此收之也1950冬日
悲鴻笑題

髡残　《幽栖图》轴

清

纵163.5厘米　横46厘米

现藏徐悲鸿纪念馆

纸本，设色。绘群山云雾，茅屋老松。坡石用湿笔挥写，笔墨流畅滋润，山峦显得浑厚；松林、树木则用焦墨勾点，葱郁苍茫。整幅作品墨气淋漓，秀逸湿润，气韵生动。自题：“烟波常泛艇，石洞挂云瓢。不识此间意，何人咏采樵。石溪残道人作幽栖关题。”钤“石溪”“髡残道者”印。

髡残（1612—约1692年），俗姓刘，字介邱，号石溪，又号白秃、电住道人、石道人、壤残道者等。武陵（今湖南常德）人，居江宁（今南京）。明亡后出家，参究禅学，云游各地。与石涛并称“二石”，与程正揆并称“二溪”。擅画山水、人物、花卉，偶作佛像。山水宗法元四家，尤致力于黄公望、王蒙，兼学沈周、文徵明、董其昌，擅用秃笔和渴笔，专长干笔皴擦，山石多解索皴和披麻皴，设色浓湛，景物茂密，笔墨苍莽荒率，境界奇辟，气韵浑厚，自成风格，引人入胜。

髡残 《清溪茂林图》轴

清

纵163.5厘米 横46厘米

现藏徐悲鸿纪念馆

纸本，设色。绘高山飞瀑，山村小径，云雾氤氲，杂树丛生，临溪茅阁，文士于阁中对坐交谈。以焦墨干笔，皴擦点染。松如曲铁，峰若削成。笔法苍劲浑厚，构图奇险深邃，意境清新恬静。自题：“尝与青溪太史论画，每晨夕登峰眺远，益得山灵真气象耳。每谓不读几卷书，不行几里路，皆眼目之见，安足论哉？亦如古德云，尔当亲授受得彼破了蒲团诀时。今归牛首，写溪流之胜，林木茂翳，总非前辈所作之境界也耶。寄上栎翁一笑，幽栖石溪残道者。”钤“石溪”“白秃”印。

髡残　《幽壑烟云图》轴

清

纵163.5厘米　横46厘米

现藏徐悲鸿纪念馆

纸本，设色。绘山势盘旋而上，至重峦叠境，以浅墨渲染天空，抒写飘舞之云，不拘一格，真气含蕴。溪流蜿蜒而下，小桥横架，一人于桥上观景。画面沉雄苍郁。原在画幅上方自题："栎公诗词流逸，笔下无点尘气。索一亲近老僧，老僧病不能以文为交。辛丑秋，余行脚长干塔下，有友持王叔明迹展玩之真，点染用笔俱不可仿佛，因勉强作此图。栎公适至，爱赏不已，即以呈教，虽愧古人，借以报有声之画云，呵呵。幽栖石道人。"徐悲鸿认为题识位置不妥，因此将其割下，移于画外另裱。徐悲鸿题跋中言及此事："此幅乱云草草，又以重题压其上，览之殊为不快。吾因易其天空并移题于画外，顿觉气和而舒，神韵满足。此或非石溪所愿，但吾志切美备，径意行之，不计其他一切矣。戊子（1948年）大寒，悲鸿时居北平。"钤印"东海王孙"。

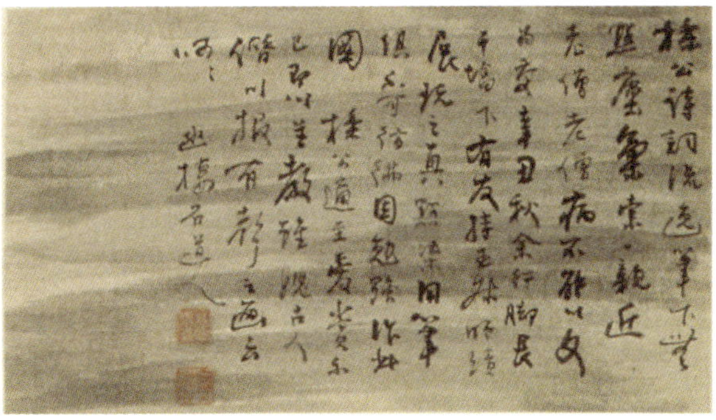

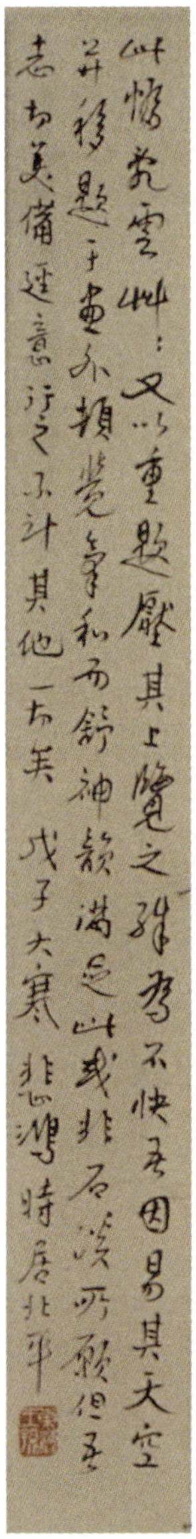

髡残 《禅机自在图》轴

清

纵163.5厘米 横46厘米

现藏徐悲鸿纪念馆

纸本，设色。绘崇山峻岭，飞瀑山溪，云气氤氲，老松虬曲。深山之中，梵宇隐现。近处溪阁中，二人对坐论道。整幅笔势沉厚，墨色滋润，气势恢宏。自题："游山忘岁月，屐印自相通。风露灵虚意，禅机静里磨。同来叩梵宇，遂此老烟萝。岂向人间说，林丘自在多。画必师古，书亦如之，观人亦然，况六法乎。石道人残衲。"钤"石溪""白秃""髡残道者"印。另有鉴藏印一方。

金农 《风雨归舟图》轴

清

纵126厘米 横54.5厘米

现藏徐悲鸿纪念馆

纸本，水墨。绘一叶扁舟在狂风暴雨中前行，船夫用力摇桨，乘者撑伞避雨。近岸崖树弯折，远岸芦苇摇曳，远山迷蒙。画面着墨不多，近景、中景、远景层次分明，极具感染力，令人仿佛置身其间。自题“风雨归舟。仿宋马和之行笔画之，以俟道古者赏之于烟波浩渺中也。七十四翁杭郡金农记”，钤“金氏寿门”印。另钤张大千等鉴藏印。此作曾经张大千收藏，后赠徐悲鸿。左右裱边有徐悲鸿题记，左曰：“此乃中国古画中奇迹之一。平生所见，若范中立《溪山行旅》《宋人雪景》，周东邨《北溟图》与此幅，可谓现世界所存在中国山水画中四支柱。古今虽艳称荆关董巨，荆董画世尚有之，巨然卑卑，俱难当吾选也。1938（年）初秋，大千由桂林挟吾董源巨帧去。1944（年）春，吾居重庆，大千知吾所爱其藏中精品冬心此幅，遂托目寒赠吾。吾亦欣然，因吾以画品为重，不计名字也。1950（年）悲鸿记其因缘如此”，钤“徐悲鸿”等印。右题：“还家幸得讬便舟，此番遭逢礼教害。何苦大雨蹲船头，舱中为有堂客在。冬心命我解释如此，悲鸿心得。”钤“贻笑大方”印。

金农（1687—1763年），字寿门，又字司农，号冬心，又号稽留山民、曲江外史、昔耶居士、粥饭僧等。浙江仁和（今杭州）人。“扬州八怪”之首。好游历，晚年卖画自给。擅画梅竹、山水、人物、花鸟，兼擅画马，尤工墨梅。所作梅花，枝多花繁，疏而不散，生机勃发，各具神态，往往以淡墨画干，浓墨写枝，圈花点缀，黑白分明。其画有金石笔意，笔墨拙厚淳朴，布局构图，别出心裁。山水画以意境取胜，景色简略，笔墨稚拙，造境别致，具画外之趣。人物肖像画更加古拙，逸笔草草，不求形似，却神态自若，生动传神。罗聘为其弟子，曾为其代笔。

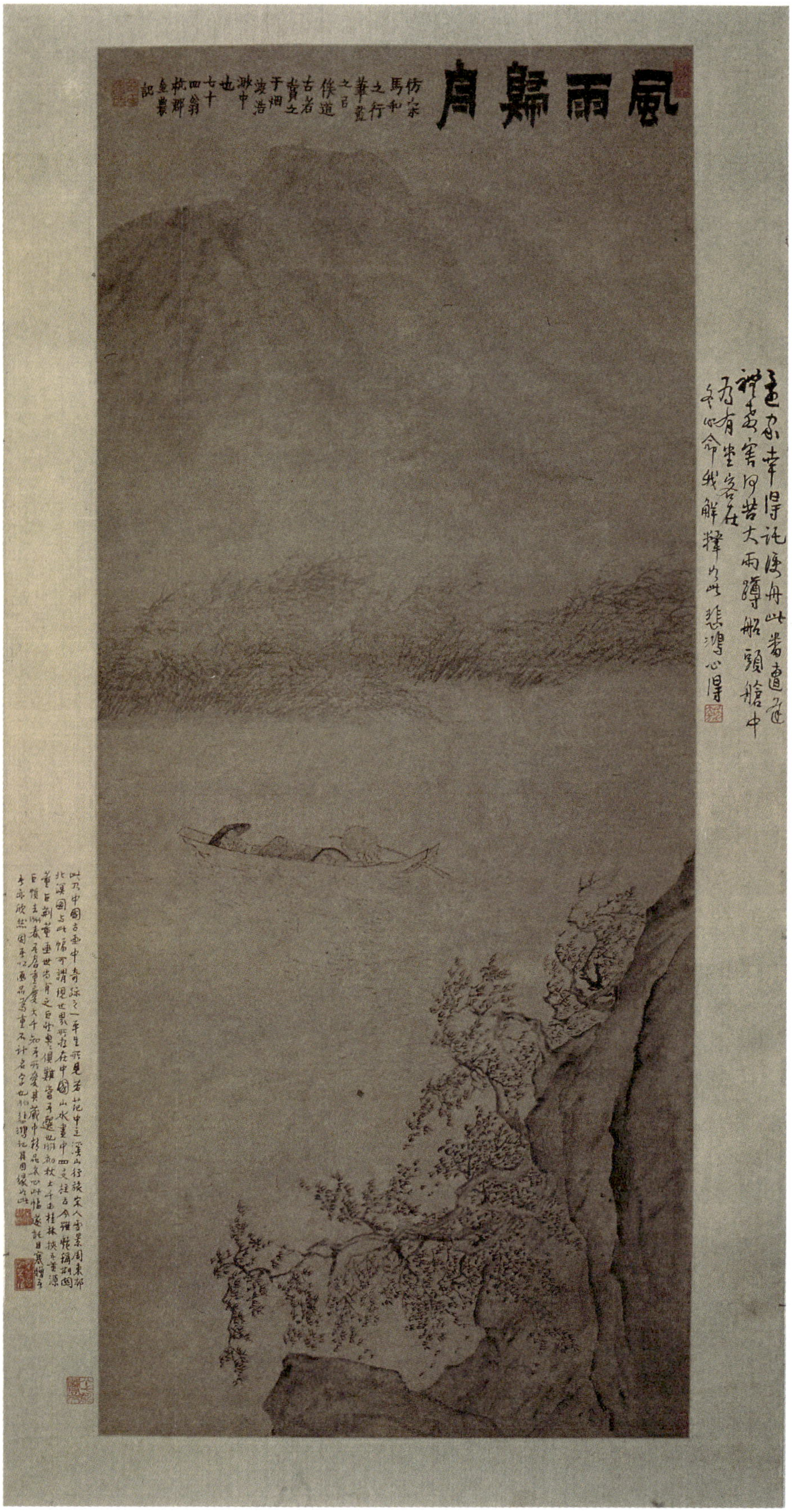
風雨歸舟

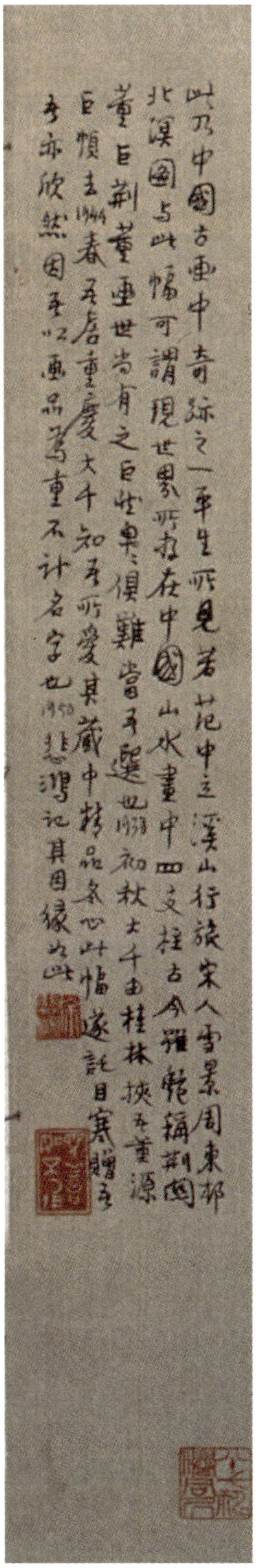
此乃中國古畫中奇跡之一平生所見若范中立溪山行旅宋人雪景周東邨北溟圖與此幅可謂現世界所存在中國山水畫中四支柱古今羅艷稱荊關董巨荊董畫世尚有之巨然畫俱難當吾選也1938初秋大千由桂林挾吾董源巨幀去1944春吾居重慶大千知吾所愛其藏中精品冬心此幅遂託目寒贈吾吾亦欣然因吾以畫品為重不計名字也1950悲鴻記其因緣如此

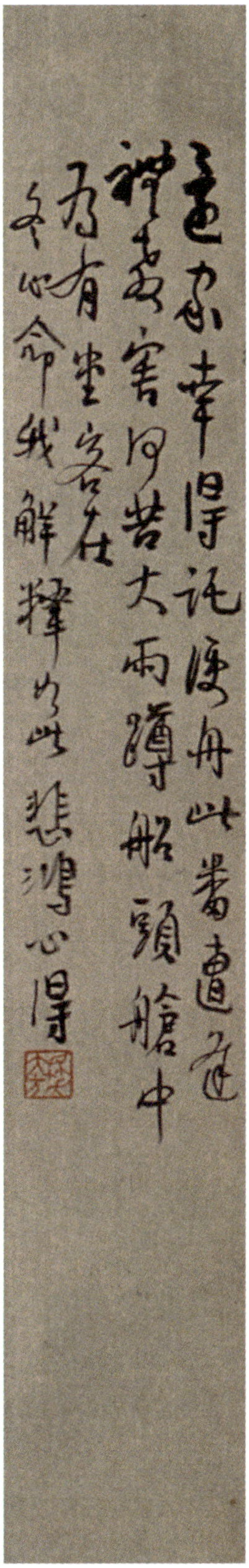
畫家幸得託渡舟此番遭遇神為之窘何苦大雨蹲船頭艙中乃有坐客在冬心命我解釋如此 悲鴻心得

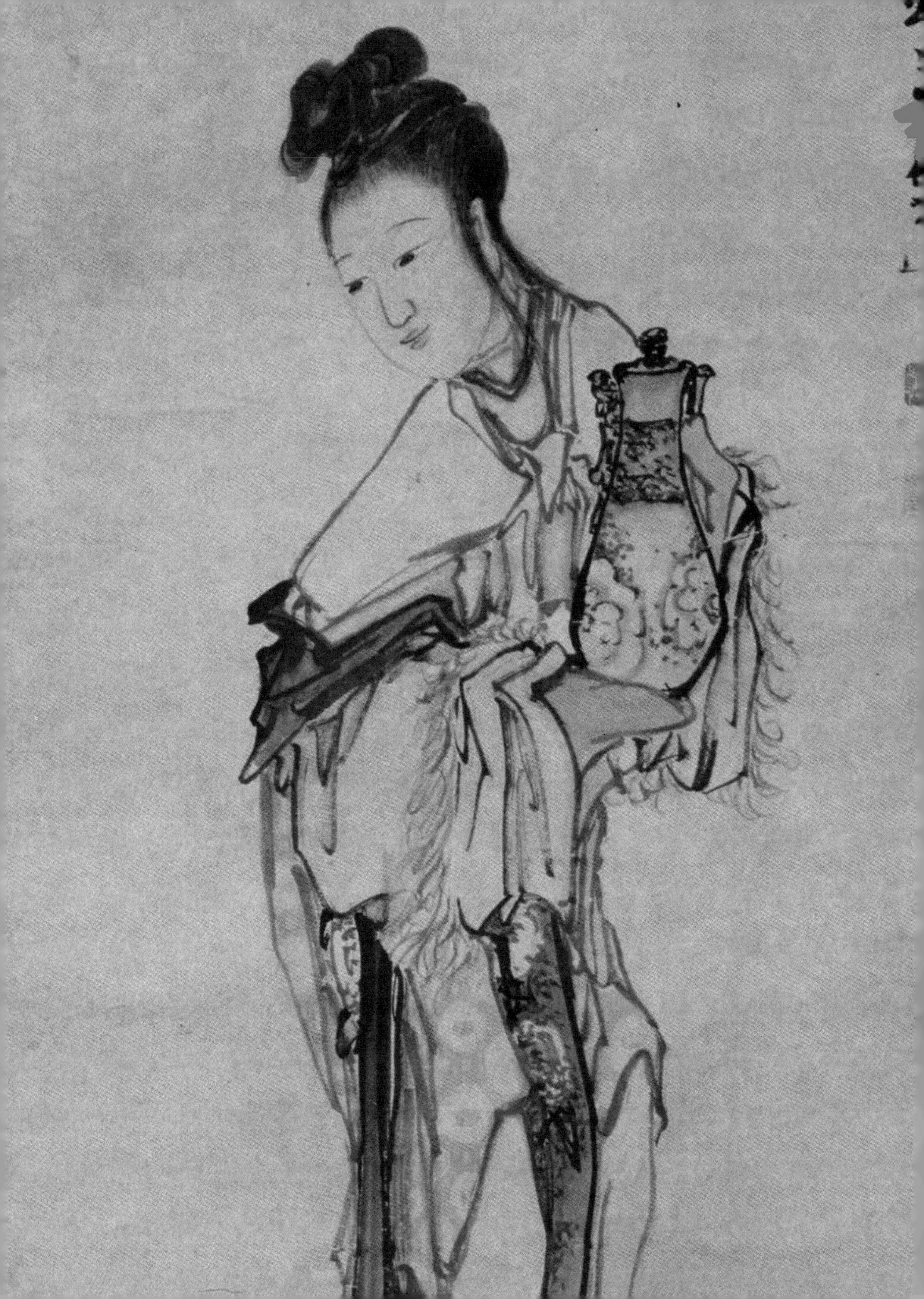

黄慎 《麻姑图》轴

清

纵141厘米 横57厘米

现藏徐悲鸿纪念馆

纸本，设色。绘一仕女捧瓶而立，侧首扭身。人物造型准确，用笔简洁、疏朗，且形神俱全。面部用笔工细，衣纹则用笔粗放，以草书笔法入画，笔触迅疾又富有弹性和节奏感。署款“乾隆九年（1744年）六月写于芝山堂，宁化黄慎”，钤“黄慎”“瘿瓢”印。另钤徐悲鸿“暂属悲鸿”鉴藏印。

黄慎（1687—约1770年），字恭懋，又字恭寿，号瘿瓢子、东海布衣等。福建宁化人。“扬州八怪”之一。居扬州，以卖画为生。上官周弟子。擅画人物、山水、花鸟。人物画最为突出。早年师法上官周，多作工笔，中年以后变为粗笔写意，用狂草笔法，纵横挥毫，气象雄伟。题材多为神仙佛道和历史人物，亦写文人士大夫生活，偶作纤夫、渔民、樵夫、乞丐。山水学吴镇，兼宗倪瓒、黄公望。花鸟亦生动精妙。

黄慎 《清供图》轴

清

纵131.5厘米 横61厘米

现藏徐悲鸿纪念馆

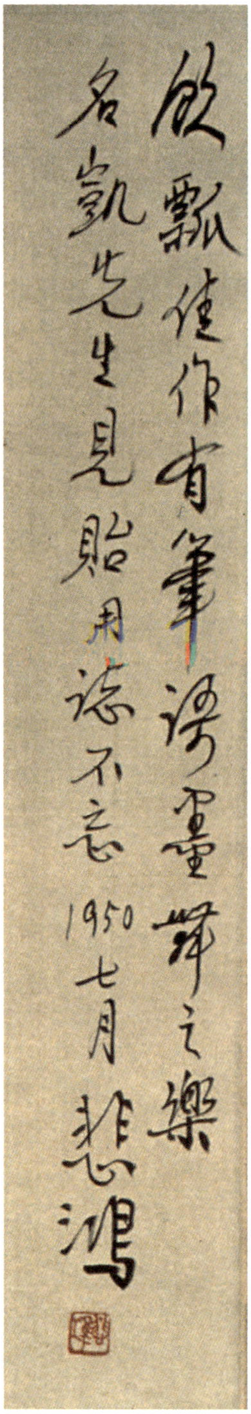

纸本，水墨。绘一酒樽，斜出一枝梅花，另配以水仙、佛手等花卉。技法娴熟，运笔劲爽流畅，勾斫点染疾速，状物遗貌取神，似在不经意中，观之如写草书，飞舞流走，纵横驰骋。画面大部留白，上部大段草书题诗，使构图与画面、形象对照呼应，既在形式上取得均衡，又使书画紧密结合，充实内容。署款：“瘿瓢山人”，钤“黄慎”“瘿瓢”印。另钤徐悲鸿等人鉴藏印。裱边有徐悲鸿题记：“饮瓢佳作，有笔歌墨舞之乐。名凯先生见贻，用志不忘。1950（年）七月，悲鸿。”曾经高名凯收藏，后归徐悲鸿。

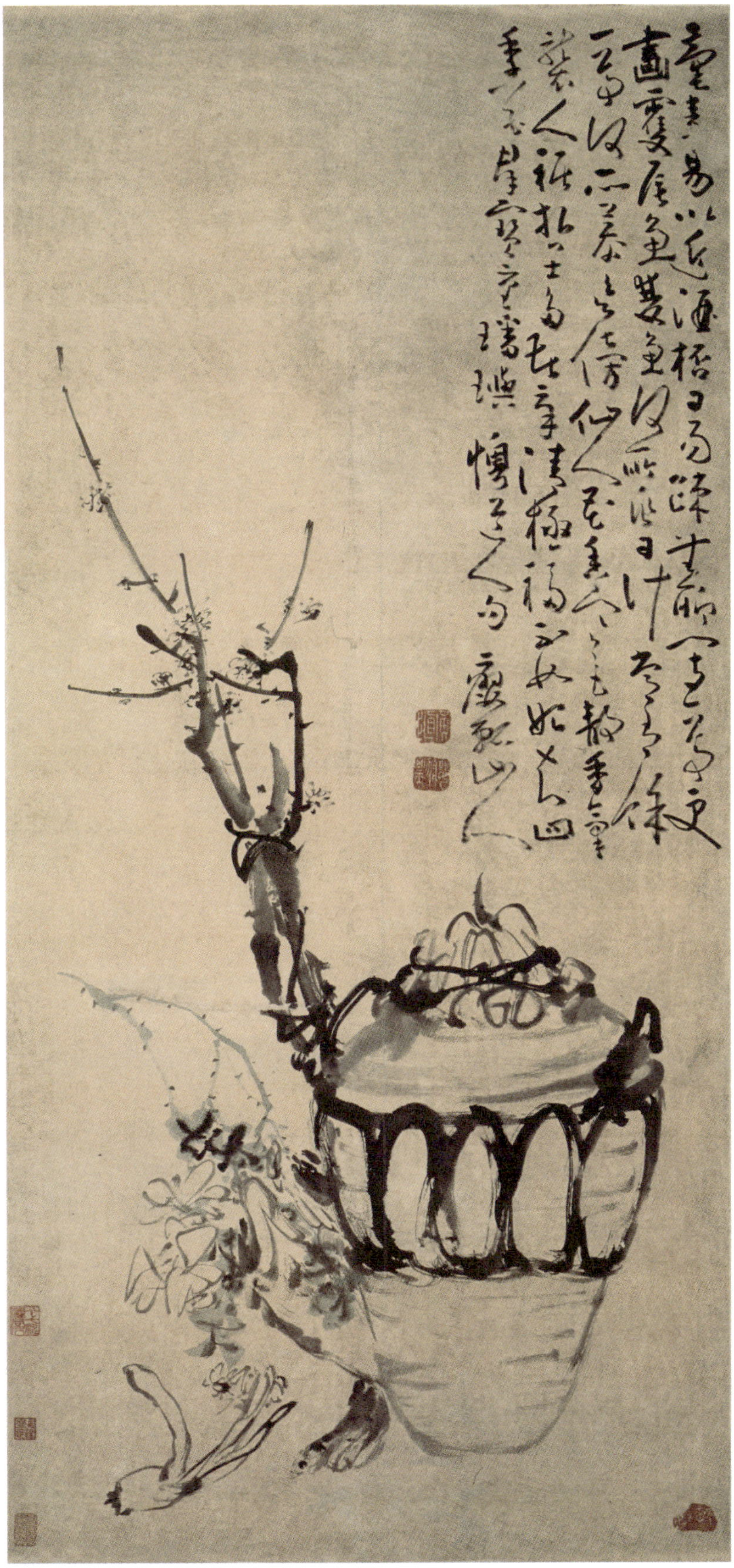

郑燮 《竹石图》轴

清

纵232厘米 横117.5厘米

现藏徐悲鸿纪念馆

纸本，水墨。绘湖石修竹。构图上采用柱石居中，左竹右诗的章法。石以墨笔勾勒为主，长折带皴出坚硬挺削的石质，略施以小斧劈皴。竹以书法用笔写成，以浓淡墨色分出层次，画面简约明快。湖石浓墨点苔上，徐悲鸿加点青色。自题："还让青山出一头，竹枝虽好尚轻柔。明年定见凌云去，带露含烟压画楼。轩季学兄，板桥郑燮写。"钤"板桥道人""丙辰进士"印。边有徐悲鸿小字题："此言种竹已活，明年可冀生巨笋长高竿也，小竹不能长大，悲鸿以青加于黑点上，认为败笔也。"另钤鉴藏印数方。

郑燮（1693—1765年），字克柔，号板桥，江苏兴化人，"扬州八怪"之一。乾隆时进士，曾任山东范县、潍县知县，因开仓赈灾，被诬告，后失意辞官归家，在扬州卖画为生。擅绘兰、竹、石，尤精墨竹。学徐渭、石涛、八大山人画法，以草书中竖长撇法运笔，多不乱，少不疏，体貌疏朗，笔力劲峭。长水墨写意，用墨干淡并兼，笔法瘦劲挺拔，具清癯雅脱意趣。笔下墨竹，挺劲孤直，有孤傲、不驯之气。提出"眼中之竹""胸中之竹""手中之竹"三阶段论。主张表现真性情，借画寄托坚韧倔强的品性，进一步发展了文人画。

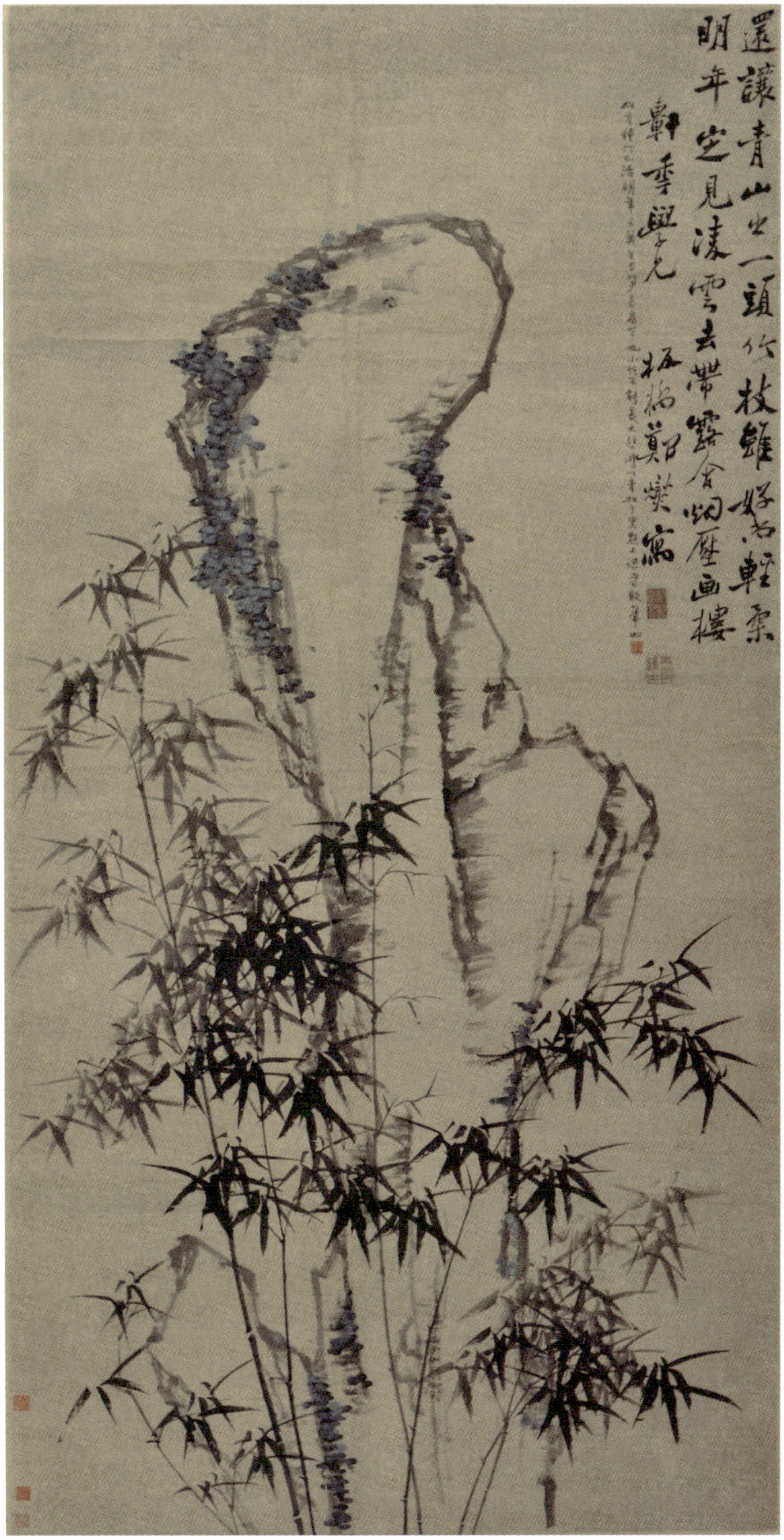
明年定見淩雲去帶露含烟壓畫樓
板橋鄭燮寫

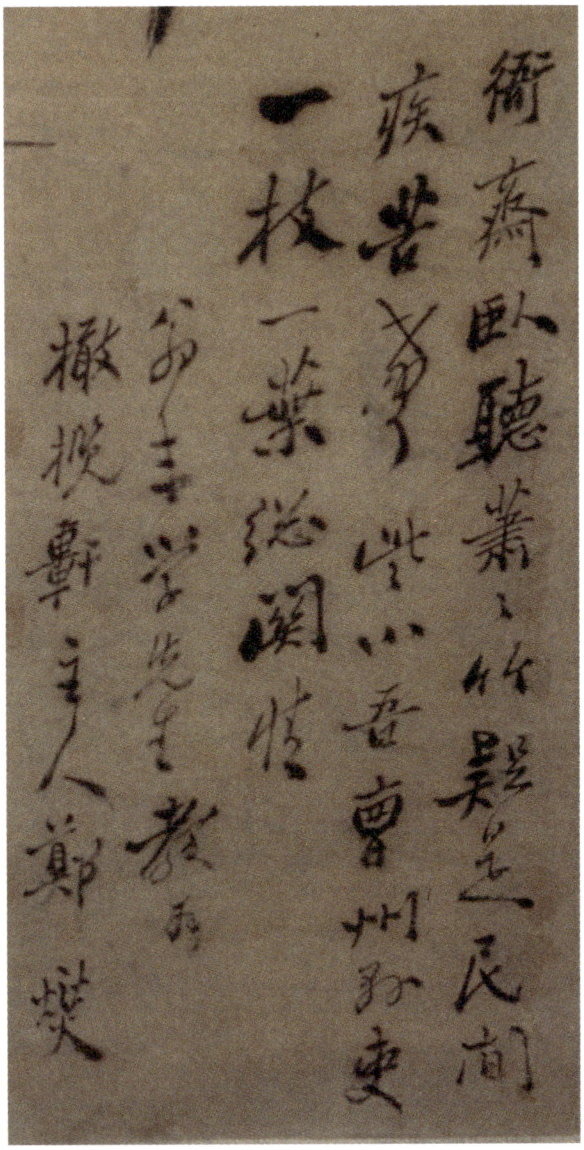

郑燮　《衙斋听竹图》轴

清

纵140厘米　横62厘米

现藏徐悲鸿纪念馆

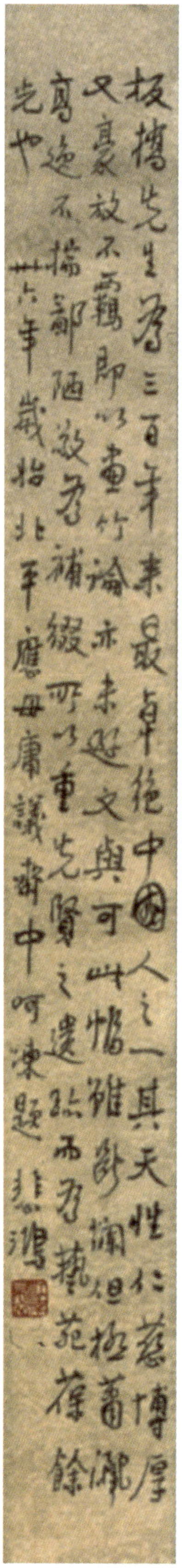

纸本，水墨。绘竹两枝，一浓一淡，层次鲜明。新篁两竿，以细笔勾出小竹，以浓墨写新篁的干、叶、枝。自题：“衙斋卧听萧萧竹，疑是民间疾苦声。些小吾曹州县吏，一枝一叶总关情。翁年学先生教政，橄榄轩主人郑燮。”钤徐悲鸿鉴藏印。裱边徐悲鸿题记：“板桥先生为三百年来最卓绝中国人之一，其天性仁慈博厚又豪放不羁，即以画竹论，亦未逊文与可。此幅虽断烂，但极萧洒高逸。不揣鄙陋，敬为补缀，所以重先贤之遗迹，而为艺苑葆余光也。卅六年（1947年）岁始，北平应毋庸议斋中呵冻题，悲鸿。”

衙斋卧听萧萧竹疑是民间
疾苦声些小吾曹州县吏
一枝一叶总关情

李方膺 《竹林图》轴

清

纵101厘米 横70厘米

现藏徐悲鸿纪念馆

纸本，水墨。绘墨竹数竿，衬以怪石。近处竹叶以浓墨写，远处竹叶施以淡墨，浓淡有致，层次分明。怪石用笔迅疾、狂放，墨色随意点染。笔势纵意，以行草书用笔入画，酣畅淋漓。署款“乾隆癸酉（1753年）冬佳月写于金陵酒村，晴江李方膺”，钤“晴江”“游戏”印。

李方膺（1695—1755年），字虬仲，号晴江，别号秋池。江苏南通人，后寓扬州。“扬州八怪”之一。雍正间以诸生受保举，历任乐兰、兰山、潜山、合肥等知县。晚年以卖画为生。擅画松石、兰竹，尤精画梅。梅花以瘦硬见称，纵横跌宕，不守矩矱，意在“青藤白阳”之间。长作巨幅，苍老浑古，墨气淋漓，有乱头粗服之致，唯梅花标格独具静逸气。松石兰竹亦笔意纵恣，简逸传神。与金农、郑燮交谊笃厚。

任熊 《绣龙图》轴

清

纵84.5厘米 横38厘米

现藏徐悲鸿纪念馆

纸本，设色。绘后宫庭园中，巨松参天，芭蕉湖石环绕，朱红长案边，一后妃端坐绣龙，侍立多位宫女，或持拂尘，或持扇，或捧奁盒。用笔工细，造型稍显夸张，主要人物面部在额头、脸颊处施白粉，树石等画法具有装饰色彩，设色于鲜丽中见古雅之气。署款“咸丰丙辰（1856年）三月任渭长”，钤“渭长”印。

任熊（1823—1857年），字渭长，号湘浦。浙江萧山人。常流于苏州、上海等地，以卖画为生。与任熏、任颐、任预并称“四任”。与朱熊、张熊合称“沪上三熊”。工人物、山水、花卉、虫鱼、走兽，尤精于神仙道佛及肖像画。画法宗陈洪绶，笔法圆劲，形象奇古夸张，线条如银钩铁画，风格清新活泼，别开生面。笔下人物构思奇巧，肖像富有个性，花鸟有装饰趣味。山水亦精微绚丽，兼有率意简逸之作。

咸豐丙辰三月
任渭長

咸豐丙辰三月
任渭長

虚谷　《枇杷图》扇面

清

纵16厘米　横50厘米

现藏徐悲鸿纪念馆

纸本，设色。绘一树枇杷，树干以淡墨干笔偏锋擦出，枝叶、果实用没骨画法，趁湿以浓墨勾筋、点节。用笔简率，设色鲜润，构图虚实相生。署款“选青先生属正，辛卯（1891年）六月虚谷时年六十有九”，钤“虚谷”印。另钤鉴藏印“悲鸿生命”。

虚谷（1823—1896年），俗姓朱，名怀仁，出家后名虚白，字虚谷，号倦鹤、紫阳山民。新安（今安徽歙县）人，后居广陵（今江苏扬州）。画家。太平军兴起时，曾任清军参将。常往来于扬州、苏州和上海之间，以卖画度日。善画花卉、蔬果、禽鱼、山水、人物和肖像，兼善界画。尤精花鸟和动物，所绘金鱼、松鼠、仙鹤、花果，活泼清新，富于动感，形态简练夸张，情趣动人。其画运用干笔偏锋，敷色以淡彩为主，偶用强烈对比色，构图虚实相生，匠心独具，别有风貌。与吴昌硕、任颐等交善。

居廉　《水仙图》卷

清

纵36厘米　横98厘米

现藏徐悲鸿纪念馆

纸本，设色。绘湖石旁水仙丛生，花朵绽放，引来无数蜜蜂。花卉勾线精细，笔致工整，设色妍丽。昆虫以工笔或兼工带写之法绘出，自然生动，写实准确，清新淡雅。署款“振翼仁兄大人鉴正，戊辰（1868年）新春居廉”，钤“古泉”“隔山樵子”印。

居廉（1828—1904或1909年），字士刚，号古泉，自号隔山老人、隔山樵子，晚号罗浮散人。番禺（今广东广州）人。岭南画派画家。居巢从弟。初学宋藕塘，后自辟蹊径，得恽寿平遗意。工花鸟、草虫，兼作人物。注重写生，善用没骨“撞粉”“撞水”法，画风与其兄相近，作品具有清新活泼、文静抒情的意趣。

任颐 《胡公寿夫人图》轴

清

纵131厘米 横53厘米

现藏徐悲鸿纪念馆

纸本，设色。绘胡公寿夫人倚靠于树下石侧。人物刻画入微，袍服上的花纹描绘一丝不苟，衣纹细劲流畅，是任颐肖像画优秀之作。无款，左下角钤“颐印”。图左有徐悲鸿题记：“伯年与胡公寿交至契，此胡夫人像。戊辰（1928年）之秋与公寿之《乞食图》并归于吾，皆伯年早岁笔也，悲鸿。”胡公寿（1823—1886年），名远，字公寿，号小憔、瘦鹤、横云山民，以字行，华亭（今上海松江）人，寓上海。工画山水、兰竹花卉，尤喜画梅。

任颐（1840—1896年），初名润，字小楼，后改字伯年。山阴（今浙江绍兴）人，寓居浙江萧山。海派画家，亦擅书。幼随父学画，早年在笺扇庄学徒，后从任熊、任薰习画，中年后以卖画为生，为人直率，“四任”之中，其成就最为突出。擅画人物、花卉、翎毛、山水，尤工肖像。其画继承传统，融汇诸家之长，并吸收西画速写、设色诸法，技法精到，画风独特。取法陈洪绶、华嵒、朱耷，重视写生，勾勒、点簇、泼墨交替互用，敷色鲜活明丽，形象生动活泼，别具清新格调。人物精工细仕女，线条流畅，亦有夸张奇伟之笔，构思奇巧，主体突出。花鸟以工笔见长，笔墨简逸放纵，设色明净淡雅，兼工带写。山水兼取原济、沈周、丁云鹏、蓝瑛之长，笔法纵肆、劲直。所作肖像，首创没骨法，描画精细，须眉可见，兼能写照，虽极细之笔，必悬腕中锋。曾为虚谷、吴昌硕等挚友画像。

任颐　《女娲炼石图》轴

清

纵118厘米　横66厘米

现藏徐悲鸿纪念馆

纸本，设色。绘女娲侧坐于地，衣裙铺地，旁山石耸立。女娲衣纹方折夸张，山石则怪异、夸张，体现出师法陈洪绶的痕迹。署款“光绪戊子（1888年）仲春吉日山阴任颐伯年甫”，钤“任伯年”“颐印”。另钤鉴藏印“暂属悲鸿”。

徐悲鸿对任颐绘画评价很高，曾说：“任伯年的作品都能予人以妙造自然之感，他画肖像、人物、山水、花鸟，粗写细写，莫不精妙，是明朝仇十洲以后中国画家第一人，是一代明星。也像抒情诗人，因生活职业所限而未为史诗，比之古代天才，近于李太白而不近杜甫。”

光緒戊子仲春吉日

任颐 《世代书香图》轴

清

纵182厘米 横92厘米

现藏徐悲鸿纪念馆

纸本，设色。绘祖孙三代，祖父拄杖而立，父子二人展卷读书。三人成三角构图，错落有致。疾笔勾勒，略加皴染，着墨不多而神态情韵毕现。署款“光绪己丑（1889年）长至后三月，闵孝子画法于古香室扇市雨楼，山阴任颐伯年甫呵冻记”。另钤徐悲鸿等鉴藏印。

任颐 《紫藤翠鸟图》轴

清

纵195厘米　横47.5厘米

现藏徐悲鸿纪念馆

纸本，设色。绘紫藤、翠鸟，紫藤花轻盈飘动，嫩叶透明发光，一只翠鸟立于藤干，正俯首梳羽，形态生动、自然。以阔笔自在挥写紫藤纵横的枝干，有意到笔随之趣。整个画面笔墨精练，色彩和谐、清新。署款“光绪庚寅（1890年）夏五月上浣山阴任颐伯年甫”。旁有徐悲鸿题记：“庚寅为伯年先生五十岁，是其最成熟时。癸巳（1953年）中秋，悲鸿购得，因题。”

徐悲鸿十分喜爱任伯年绘画，生前曾收藏多件。据廖静文《徐悲鸿传》记载，1953年9月，一家画店送来十二幅任伯年的花鸟画，徐悲鸿购买了其中的八幅，剩下的四幅后来卖给故宫了。

光緒庚寅夏五月上浣
山陰任頤伯年寫
庚寅為伯年先生五十歲是其最成熟時
癸巳中秋 悲鴻購得因題

任颐　《凌霄图》轴

清

纵195厘米　横47.5厘米

现藏徐悲鸿纪念馆

纸本，设色。绘崖壁间凌霄枝攀缘而生，枝叶稀疏，花开繁盛，两只雀鸟栖息于藤枝上。用笔洒脱，设色淡雅。署款“花落黄陵庙里啼。光绪庚寅（1890年）夏五月山阴任颐伯年甫写于海上”。

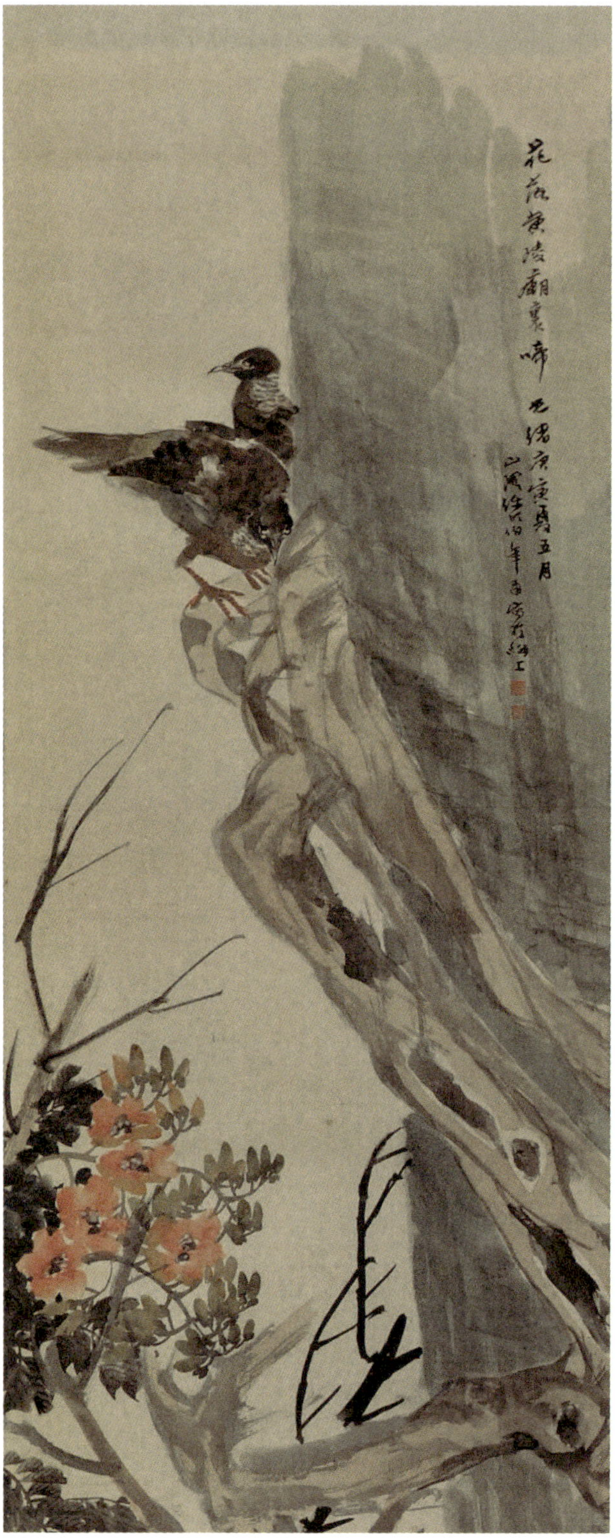
花落黄陵廟裏啼
光緒庚寅夏五月

任颐　《柳溪鹅戏图》轴

清

纵195厘米　横47.5厘米

现藏徐悲鸿纪念馆

纸本，设色。绘柳枝低垂，溪中游鹅嬉戏。以没骨法绘出，用笔以小写意为主，工写结合，色泽清丽。署款“庚寅（1890年）年夏，伯年任颐”，钤印“山阴任颐”“任公子”。

任颐　《牛图》轴

清

纵171厘米　横31厘米

现藏徐悲鸿纪念馆

纸本，设色。绘茂密大树下，一牛犊依偎于母牛体侧，似在找寻母乳。造型准确、生动，笔墨有灵气，敷色用墨恰到好处。构图饱满、独特，无论是上部浓密的大树枝叶，还是下部两牛，均有密不透风之感，唯天头留空。图上部有徐悲鸿题识："伯年遗作之一，仲熊赠我，辛未（1931年）秋始悲鸿补竟并题。"

吴仲熊(1899—？年)，号芳菲室，浙江吴兴人，任颐外孙。幼嗜艺术，弱冠闻名艺苑，所作山水，淡远有致，书法娟秀可爱。兼写花鸟，传任伯年衣钵。与徐悲鸿友善。

徐达章 《山水图》轴

清

纵168厘米 横48.5厘米

现藏徐悲鸿纪念馆

纸本，设色。绘雪后山景，一人于茅屋前清扫归鹿留下的足迹。以墨笔勾皴山石，淡墨渲染，以留白表现雪景。色彩灰淡，唯以人物的红色袍袖点醒。自题："白乐天隐居香山，尝有诗云：万山回绕一峰深，到此常修苦行心。自扫雪中归鹿迹，天明恐有猎人寻。恻隐之心溢于言表，扩而充之，仁不可胜用也。阳羡成之徐达章谨写并志以启后学云。"

徐达章（1874—1914年），字成之。江苏宜兴屺亭人，徐悲鸿之父。擅绘画，工诗文，精篆刻，擅长人物肖像、山水、花卉。

文徵明　对联

明

纵154厘米　横24.5厘米

现藏徐悲鸿纪念馆

纸本，楷书。书录对联“蹒跚不恨倡优拙，宣劝亲承礼数稠”。书法得黄庭坚结体、用笔，清劲苍润，一笔不苟，方整中有温纯精绝之古意。无款印。上联徐悲鸿题记：“黄养辉弟得文衡山巨幅，吾因割取其中一联，亲为补缀之。联句殊不成腔气，因全为馆阁体也。”下联徐悲鸿题：“卅七年（1948年）十二月十六日，北平炮火声中，悲鸿记于东城静庐，心未尝静也。”钤“东海王孙”“八十七神仙同居”印。黄养辉(1911—2001年)，无锡人，书画家、美术教育家，徐悲鸿弟子。

文徵明（1470—1559年），初名壁，或作璧，以字行，更字徵仲，号衡山居士。长洲（今江苏苏州）人。书法造诣极为深厚，模仿宋、元，亦师法晋、唐。诸体皆精，行草笔法智永，大、小楷学黄庭坚，隶书法钟繇，山水师沈周，人称其兼有赵孟頫、倪瓒、黄公望之体。其小楷最为人所称道，法度严谨纯熟，笔锋挺秀，书体端正，风格清俊秀雅，晚年之后，尤见功力。与祝允明、王宠并称“吴中三家”。其书影响极大，从学者众，其子文彭，学生陈道复、彭年，都继承了他的衣钵。又擅画花、鸟、竹、果，创吴门画派。

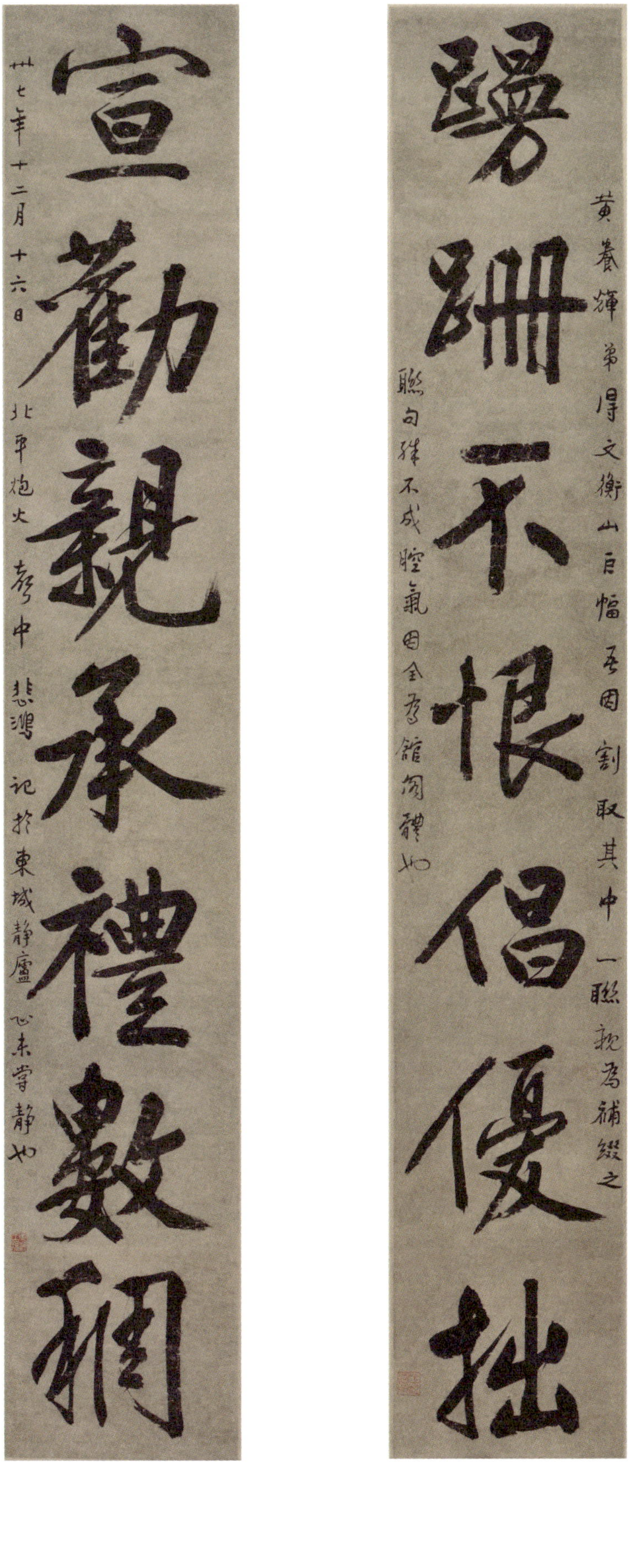
蹣跚不恨倡優拙
宣勸親承禮數稠

文彭　行书轴

明

纵171厘米　横58.5厘米

现藏徐悲鸿纪念馆

纸本，行书。书录五言诗一首：“秋半桂初发，登登凤岭斜。低枝碍巾葛，馀馥染衣纱。委作黄金埒，飞分玉露华。宁知人世里，亦有广寒花。文彭。”钤“文彭之印”“文寿承氏”印。书风承黄庭坚，并融合乃父家法，用笔沉着灵动，笔法谨严，点画结构呈圆融之势，有洒脱、流畅婉转之韵。

文彭（1498—1573年），字寿承，号三桥。长洲（今江苏苏州）人。文徵明长子。工书，精擅诸体，少承家学，参以钟、王、怀素、孙过庭各家之意，书风仍属家法。山水似吴镇，亦擅花鸟蔬果。

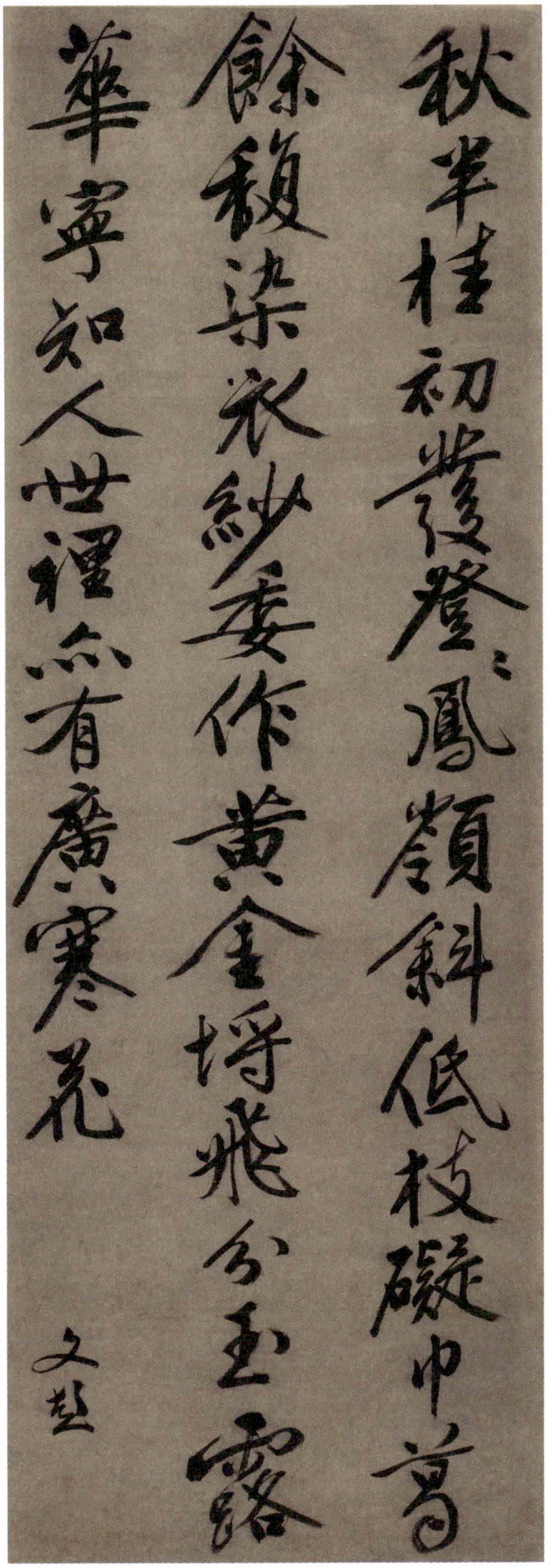
秋半桂初發〻鳳嶺斜低枝礙巾舄
餘馥染衣紗委作黃金埒飛分玉露
華寧知人世裏亦有廣寒花
文

董其昌　行书轴

明

纵178厘米　横48.5厘米

现藏徐悲鸿纪念馆

纸本，行书。书录七言诗："柳外青帘飏晚风，宣房遗迹草连空。谁志半卷河渠记，却在停骖野语中。"署款"其昌书为无谋词丈"。用笔轻盈、秀劲，字距、行距疏淡，擅用墨色变化，浓淡相间，笔法流畅自然，风格洒脱。左下有徐悲鸿小字题记："思翁之书已为凋疏又不计字数，故毫无章法，吾书固视倪元璐、王觉斯辈大有逊色，即论分行、布白亦远不若二人也。此幅半幅空白，故就而骂之。卅六年（1947年）仲夏悲鸿。"

董其昌（1555—1637年），字玄宰，号思白、香光。华亭（今上海松江）人。官至南京礼部尚书，谥号文敏。擅画，山水画最佳，声名显赫，为"华亭派"首领。书法初仿颜真卿，后师法虞世南、钟繇，以行楷名世，清秀淡雅自立一宗。用笔清劲，忌浓浊，起笔露锋，尖劲坦率，运笔流畅，喜用淡墨和湿墨，于酣畅华滋中见秀润淡雅。章法布局以疏淡、宽绰为特点，字字独立又具连属之意。徐悲鸿批评的"凋疏""半幅空白"，正是其特意营造出的虚和意境。

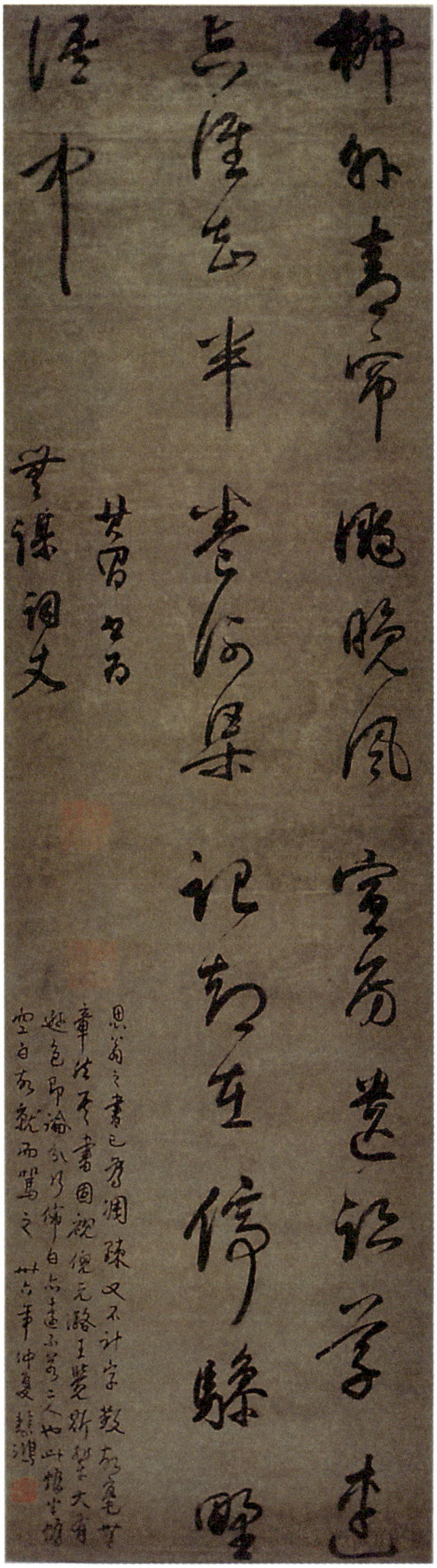

黄道周　草书诗轴

明

纵199厘米　横53厘米

现藏徐悲鸿纪念馆

绢本，草书。书录五言诗一首："岂有不平事，但存未坏身。只言天下合，孤影鬼神亲。世道余青史，春风属故人。无多谈往迹，愚叟旧比邻。"署款"拔身奉记诸友似觅翁老先生正之，黄道周"。钤"黄道周印""石斋"印。笔势翻腾遒劲，转折方硬，结体欹侧拙拗，跌宕错落，磊落而有奇气，反映了黄道周草书的典型面貌。

黄道周（1585—1646年），字幼平，一作玄或元，号螭平，又号石斋。世人尊称之"黄圣人""石斋先生"。漳浦（今福建漳浦）人。著名学者、书画家。天启年间（1621—1627年），授编修，官至礼部尚书。隆武元年（即清顺治二年，1645年），自募军兵出征抗清，兵败被俘，因不屈被杀。擅书法，宗魏晋，真、草、隶自成一家。擅写隶草，刚劲峻拔。书小楷，也常间杂隶体，独有韵味。

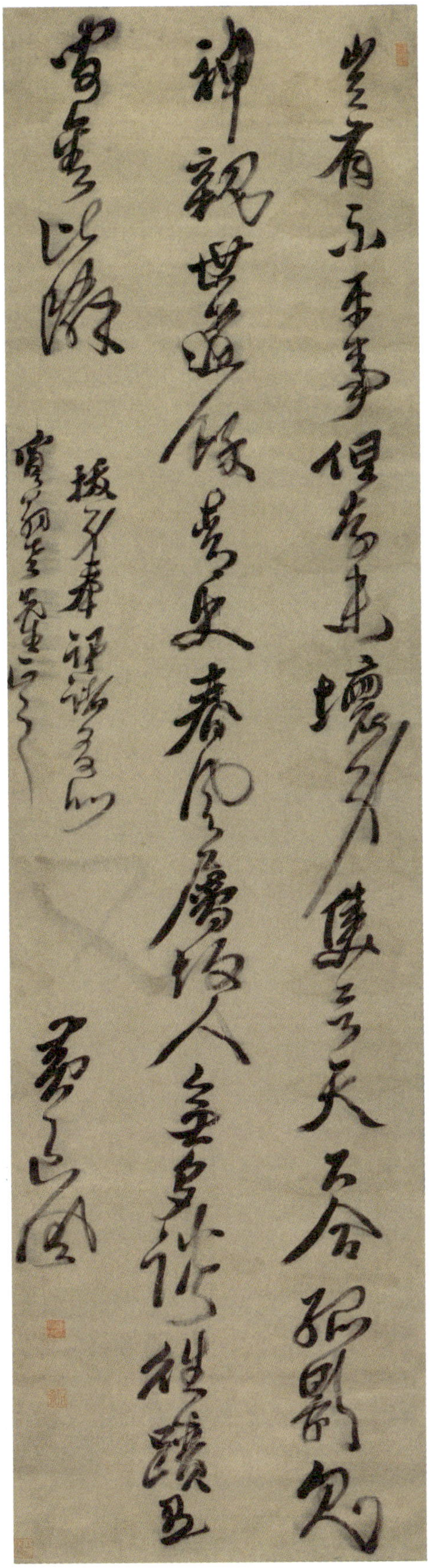

倪元璐　草书轴

明

纵169厘米　横55.5厘米

现藏徐悲鸿纪念馆

纸本，草书。书录五言诗一首："约略生来事，十年一转轮。泪深宁作我，烛武不如人。升塔召天适，下陂愁路亲。何妨为骄仕，强以赠吾身。"署款"元璐"，钤"倪氏元璐""太史氏"印。用笔奇崛，线条支离诡异，颇感风骨凌厉。裱边徐悲鸿题"悲鸿所藏法书妙品第一。辛卯（1951年）初春得于厂肆"。

倪元璐(1593—1644年)，字汝玉，一作玉汝，号鸿宝。上虞（今浙江上虞）人。明天启二年（1622年）进士。官至礼部尚书、翰林院学士。明末因李自成侵占京城，自缢而死。书法以行草见长，虽宗魏晋及颜真卿、苏轼，却自创奇异之体，参以古隶，点画具强烈的粗细对比，凝重与轻捷相兼，既不板滞，又不浮滑，外曜锋芒又内含筋骨；结体多取斜姿，左低右高，左伸右缩，于险中求稳，奇中求正；章法也大小错落，跌宕起伏，字距茂密，行间宽绰，疏密照应，形成纵势布局。用笔、结体、章法三者结合，遂形成凝涩激越的个性风格，是明末奇崛书风的代表人物。

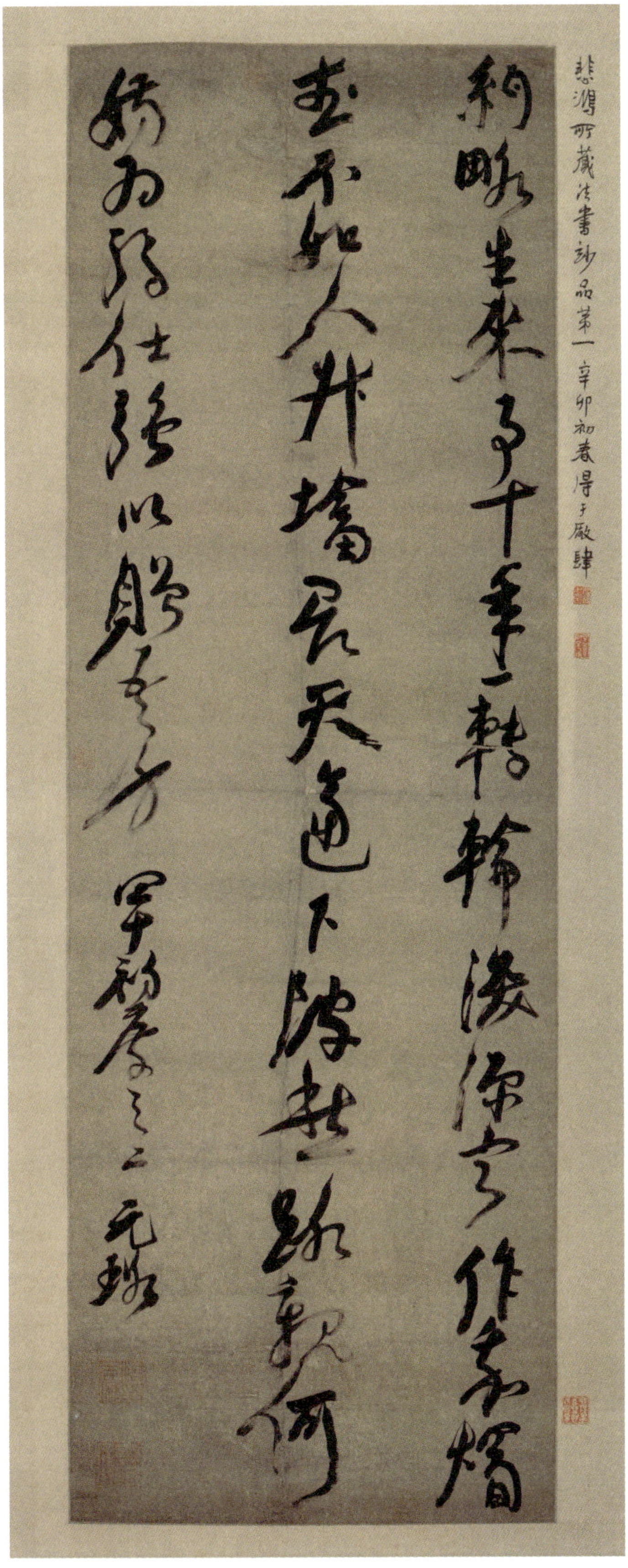

王铎　行书

明末清初

纵220厘米　横52.5厘米

现藏徐悲鸿纪念馆

纸本，行书。书录五言诗一首："尘中求小定，如在鉴湖阴。鞅鞨忘时棘，诗书歇此心。潭头春牧好，枋口夜渔深。免作悲歌帙，衰龄已暗侵。"署款"俚作免俗一首，夜中酒后书为岩荦老诗坛教正，王铎"。钤二印。书法笔势连绵，字间虽连带不多，但笔断意连，行气贯通，运笔流畅，颇具苍郁雄畅之风。

王铎（1592—1652年），字觉斯、觉之，号十樵，又号嵩樵、十樵、痴仙道人等。孟津（今河南孟津）人。官至弘光朝礼部尚书兼东阁大学士。作画擅白描法，简笔勾勒，少晕染。工行、楷，擅布局，笔力雄健，有"神笔王铎"之誉。近世对日本国书风有极大影响。

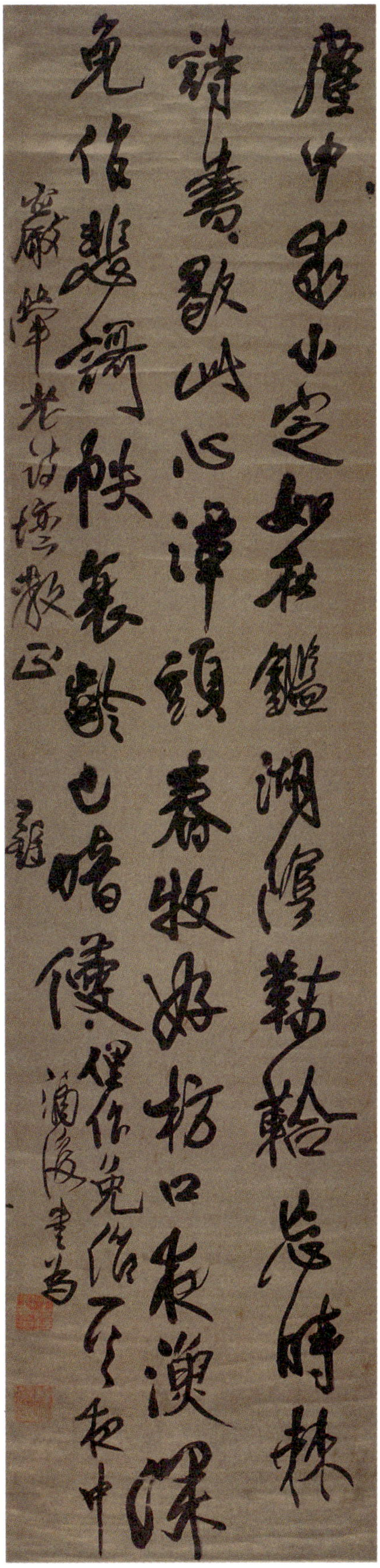

傅山　草书

清

纵266厘米　横46厘米

现藏徐悲鸿纪念馆

纸本，草书。书录杜甫诗一首：“致此自僻远，又非珠玉装。如何吐奇怪，每夜发光芒。虎气必腾卓，龙身宁久藏。风尘苦未息，持汝奉明王。”署款“傅山书”，钤印“傅山之印”。结体稳中寓险，字势屈曲盘绕，布局错落多变，章法大幅开合，洋溢狂健率真之趣、博大沉雄之风。

傅山（1605—1690年，一作1607—1684年，或1609—1690年），字青主、公它，明亡后受道法，道号真山、朱衣道人，晚称老蘖禅。山西阳曲人。通经史、诸子、佛道与医术，兼擅诗书画，其中以书法为最著名。草书变化较大，墨涩而笔画多枯白，看似杂乱，却给人有章可循的感觉。

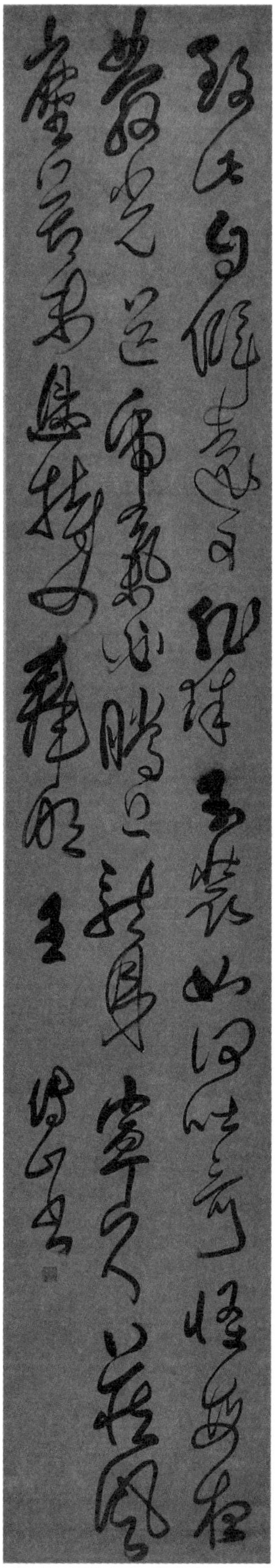

查士标　书题画诗

清

纵173厘米　横45厘米

现藏徐悲鸿纪念馆

纸本，行书。书录五言诗一首："老树依江岸，孤舟傍钓竿。水花看晚净，枫叶识天寒。雁字来千里，鱼羹付一餐。远山青隐隐，日下是长安。"可以看出受董其昌书风影响，用笔虚和，擅用枯笔，轻盈灵秀，字距与行距均疏朗、淡雅，使全篇作品显得轻松从容，风神潇洒。署款"题画书似章玉道兄，查士标"。

查士标（1615—1698年），字二瞻，号梅壑。新安（今安徽休宁）人。明末秀才，明亡后流寓扬州。书法米芾、董其昌，笔风萧散疏放。画学倪瓒、吴镇，与孙逸、汪之瑞、僧弘仁称"新安派四大家"。

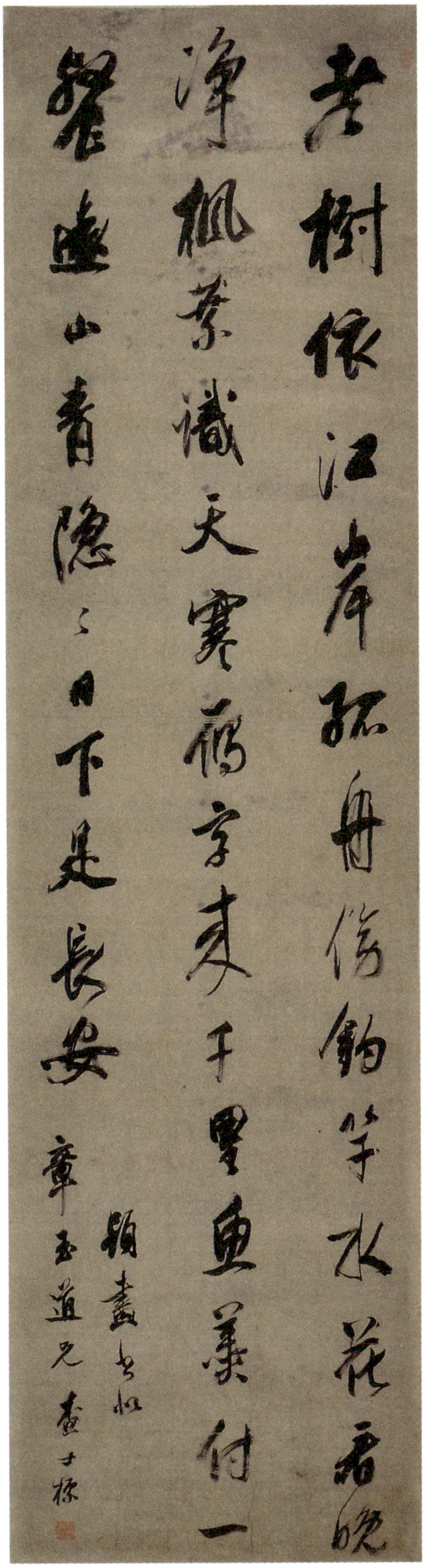
老树依江岸孤舟傍钓竿水花君晚
净枫叶识天寒雁字书千里鱼羹付一
餐遥山青隐隐日下是长安

吴昌硕　篆书对联

清

纵148厘米　横37厘米

现藏徐悲鸿纪念馆

纸本，篆书。书录七言对联“黄矢射虎出有中，大冈执鱼硕天鲜”。以石鼓文用笔、结字，笔法沉厚浑朴，笔力雄健，线条粗细富于变化，是其石鼓文书法典型之作。上联款题“子涵先生属集猎碣存字，幸正讹。时丁巳（1917年）冬仲”，下联署款“七十四叟吴昌硕”。

吴昌硕（1844—1927年），初名俊，后改名俊卿，字昌硕，又署仓石、苍石，号缶庐、苦铁等。浙江安吉人。清同治四年（1865年）秀才，任江苏安东知县，仅一月即辞官，后寓居上海以书画篆刻为生。清光绪三十年（1904年）西泠印社在杭州成立，被推为社长。将书、画融于治印，自成一派。中年学画，受赵之谦影响较多，着色大胆，构图别致。书法以篆书最著名，专习石鼓文，并能化而出新，具雄健酣畅、苍劲朴茂之格调，并将石鼓文笔法运用于治印和绘画中，形成独特的金石气息。

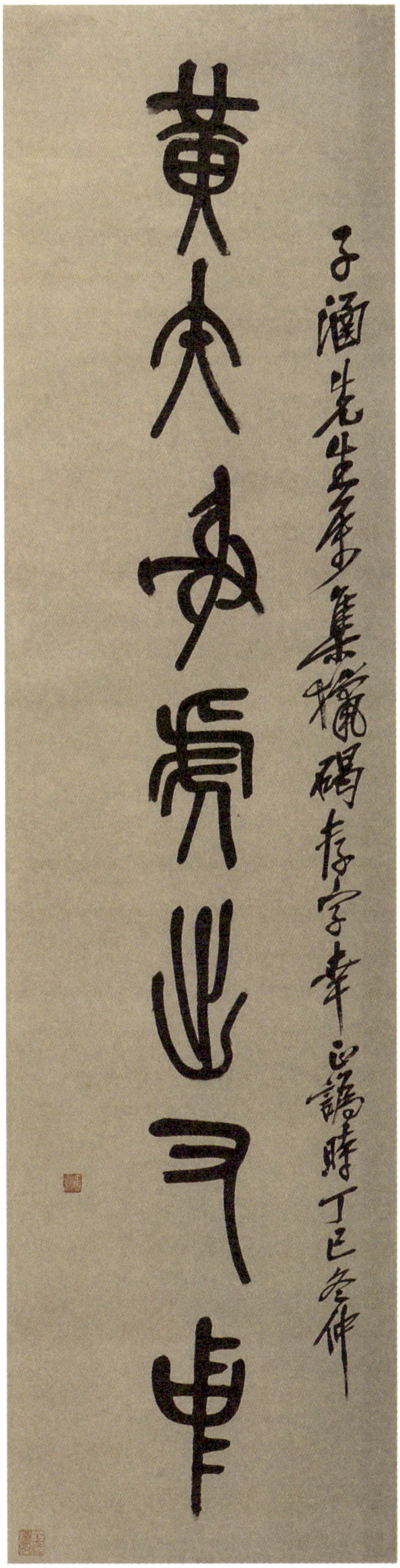

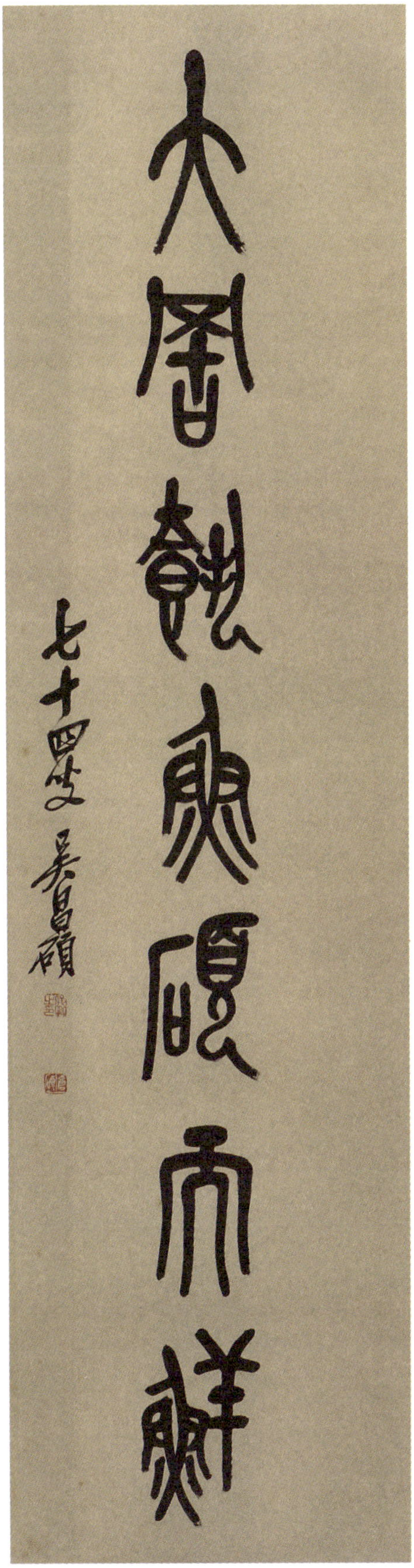
七十四叟 吴昌硕

编辑说明

“新中国捐献文物精品全集”是由中国文物学会主编、北京出版集团公司文津出版社出版的一套大型文物收藏类丛书。本套丛书首次将新中国成立以来各界人士捐献的文物精品汇集出版，以图文并茂的形式呈现给读者，并系统地论述了这些文物精品的价值以及捐献者的奉献精神和感人事迹等。

编辑在出版过程中发现书稿引文中存在一些比较特殊的情况，如：

1.不同作者的文章对同一事物的表述有出入；

2.同一篇文章中对同一事物的表述有出入；

3.引文中出现如今已很少使用的生僻字、词或专业术语。

出于对相关作者的尊重并保持原文的完整性，本套丛书将对上述情况不做硬性修改。

特此说明。